青春文庫

一生得する！ 役に立つ！

できる大人の時間の習慣

ライフ・リサーチ・プロジェクト［編］

JN170890

青春出版社

人生を変える時間の使い方がある――はじめに

「あれもやらなきゃ」「これもやらなきゃ」と時間に追い立てられる生活から抜け出すための一番いい方法を探求し、誰でも簡単にできるタイムマネジメントを紹介するのが本書だ。

スケジュールから段取り、勉強方法など気になるところから読んでみて、ぜひ実行してみてほしい。こんな些細なことで？と思っても、実行してみればすぐにわかるはずだ。今まで何の疑問も持たずにやってきたルーティンワークが時短によって大幅な効率アップにつながるのである。

また、特集で組んだ「最短の時間でベストの結論を出す方法」は、仕事の効率を上げるための優先順位やアイデアの発想法、集中するためのノウハウなどがわかりやすく図解とともに紹介してある。

しかも、仕事だけでなくプライベートの時間にも役立つ。時間価値を高めることができれば、時間に追われることもなくなり、何事にも余裕を持って取り組むことができる。仕事もプライベートも思い通りになる「頭の使い方」をぜひ身につけてほしい。

２０１６年９月　　ライフ・リサーチ・プロジェクト

できる大人の時間の習慣●目次

人生を変える時間の使い方がある――はじめに　3

1

「段取り力」が身につく時間の習慣

スケジュールは、自分だけの「集中タイム」を意識して組む　18
「時間家計簿」で、ムダな時間を自己投資の時間にチェンジ　19
目に見えるように書き出せば、思考の停滞を防止できる　21
翌週のスケジュールは土曜日に立てるべし！　22
スケジュール管理の極意は「終わる時間」を決めることにあり　24
集中力をキープするには、「15分サイクル」で時間を区切る　25
記号化や暗号化で、日常の事務連絡はもっと簡略化できる　26
会議が短時間で終わるかどうかのカギを握る意外な条件とは？　28
1つの仕事を複数で行うことで生まれる相乗効果とは？　29
書類作成の時間を短縮する2つのテクニックとは？　30
書類の進捗状況が一目瞭然になる、画期的な手法とは？　32

過去の自分との「1人ブレスト」で、新しいアイデアに最短でたどりつく　33
「ToDoリスト」の中から優先すべき仕事を見極めるには？　35
ルーチンワークの時短には、まず「目標タイム」を設定する　36
「作業系」と「思考系」で切り分ければ、仕事にメリハリが出る　38
小さな目標を設定すれば、面倒な仕事もサクサク進む　40
タイムオーバーを防ぐには、作業時間を細かく区切る　41
アポイントの電話をかけるベストなタイミングは何曜日？　43
アイデアがみるみるまとまる、4段階の思考プロセスとは？　44
スケジュール帳で「イメージング」してビジネスの先手を打つ　45
3段階で仕上げれば、企画書が格段に速く完成する　47
上司の好みやクセを分析すれば、効率的に通る企画書が作れる　48
大量の仕事をこなすには、「全部やる」ではなく「全体をみる」　50
「流れ」を意識すれば、ルーチンワークはもっと時短できる　52
「半分の時間でやる」と意識するだけで集中力がアップする！　53
どうしても仕事に集中できないときに使いたい奥の手とは？　55
眠気を誘う会議で、集中力を保つためのアイデアとは？　56
「黄色」グッズを活用すれば、集中力がアップする　58

「できる」と信じて方法を探り、ウジウジ悩む時間をカット 59
タイマーを使えばたちまち集中力がアップ！ 60
朝一番の「ToDoリスト」作成でもう仕事に追われない 61
先回りの鉄則は複数の仕事をまとめて処理することにあり 63
「たたき台」を用意すれば、上司への相談がスムーズになる 65
相手の予定も把握することでスレ違いによる時間ロスをなくす 66
空き時間用のメニューを用意し、コマ切れ時間も有効活用する 68
集中力を中断されることなく仕事を続ける秘策とは？ 69
まず見出しを作れば、長い文章もスイスイ書ける 71
「仕事の地図帳」を自分で作ろう！ 72

2 「いい関係」をつくる時間の習慣

よりよい解決策を見出したいなら、二者択一の議論はやめる 76
キャパオーバーの仕事は、上手に断って次につなげる 77
「ファシリテーター」がいれば、会議はスムーズに進行する 79
「クライアント」とみなせば、苦手な仲間ともつきあえる 80
打ち合わせには「会議」より「コマ切れの立ち話」が有効 82

大切な相手との打ち合わせは、いつどこで行うべき？ 83
会話の中の「私は」を減らせばスムーズに意思疎通できる 85
伝わるトークの極意は、〝3分〟に要点を盛り込むこと 86
つい長くなりがちな電話を手短に済ませるテクニックとは？ 88
わかりやすく話すには、ポイントを3つに絞って結論から話す 90
相手に合わせた伝え方を選んで軌道修正のリスクを減らす 91
相手からすぐに返信をもらうためのメールのウラ技とは？ 93

3 「整理と片付け」がサクサク進む時間の習慣

机の上に広げる案件は1つに絞って書類の紛失・混同を防ぐ 96
書類を受け取るトレーの設置で、もう作業を中断されない 98
カバンの中の整理整頓でビジネスチャンスが舞い込む 99
デスクの利便性がアップする物の置き場所のルールとは？ 101
短時間で部屋を片づけたいときに役立つ、整理整頓のコツは？ 103
書類の保存・廃棄がひと目でわかる！ 業務別ファイルボックス 104

特集

最短の時間でベストの結論を出す方法1

思考力・直感力編

「仮説をたてる力」であなたが手にできる2つのスキル　108
「ムダな思考」をムダなままで終わらせない技術　113
アタマのいい人は「視点の定め方」を知っている!　115
できるビジネスマンが使う「フェルミ推定」のロジックとは?　118
〝鳥の目〟で物事をとらえる「俯瞰的思考」のススメ　122
「横に見る」と「縦に見る」が深く考えるときのコツ　126
否定を否定する「ダブル否定力」が思考力養成のカギ!　134
「マネする力」が高い目標達成を可能にするワケ　136
発想のモレがなくなるオズボーンの「9つのチェックリスト」　138
「直感力」が突然働き出すアタマの使い方があった!　142
10年前の経験を一瞬の「ひらめき」に変える技術　146
「偶然の一致」は誰にでもやってくるチャンスのサイン　148
「常識の罠」に陥らないための2つの方法　150
溢れかえる情報より、自分の「皮膚感覚」が正しい!　154

4 「情報処理力」がアップする時間の習慣

手帳をカシコく使うには書く情報を取捨選択する 160
仕事を「見える化」して管理するための㊙アイテムとは？ 161
会議で使ったホワイトボードの内容を一瞬で記録するには？ 163
周りの人に告知すれば、探している情報は自然に舞い込む 164
本を高速で理解するには、「読む」を「見る」に転換する 165
「80：20の法則」を意識して本はキモの部分だけ読む 167
漢字の半分を読めば、本の内容は速読できる 168
食事中はニュース番組を見て〝ながら〟情報収集をする 170
新聞は「面白い事実」と「キーになる数字」を読む 171

特集 最短の時間でベストの結論を出す方法2 判断力・分析力・戦略力編

的確な決断を下せる人が持っている「3つの能力」 174
「外すための引き算」ができる人は意思決定が速い！ 178

「忘れる技術」でアタマの中を整理整頓　182
A案かB案かではなくあえて選択肢を増やす　186
問題を小さく分けて考える「スイス・チーズ法」の極意　188
〝間違った地図〟で進むのを避けるための「2つのチェック法」　194
〝お宝〟はどこにある？「情報分析」の秘密のツボ　198
物事の本質が一瞬でつかめる「5W繰り返し法」とは？　207
「高・極・広・融・深」で探す自分だけのキーワード　212
問題の「可視化」が、単なる幸運を必然の成功に変える！　216
インターネット、新聞、テレビ…いらない情報を「捨てる技術」　218
「長期的視点」と「短期的視点」を持つと、何が変わるか　220
自分をチェックするには「メタ認知」が効く！　224
できるリーダーが実践する「三現主義のメソッド」とは？　228
「フレームワーク」を使いこなしている人の共通点　232
戦略力のある人は「3C」の視点を持っている！　236
世の中の動きを確実につかむ「マーケティングの4P」とは？　240

5 「メモとノート」で効率がアップする時間の習慣

思いっきり書き込むならメモ専用手帳が◎ 246
締切りを二重チェックできるメモリ方 247
〝かもしれない予定〟は、ふせんにメモが鉄則 249
自分へのアポを手帳に書き込む 250
見開き単位で情報を圧縮処理するシンプルノート 251
「プチ・データバンク」は情報をすぐに取り出せるスグレモノ 252
ふせんは机の「定位置」に貼っておく 254
ふせんを使って〝タイトルインデックス〟を創作する 255
解決できない問題はさっとメモして他の仕事に集中する 256
アイデアは1ページ1テーマの真っ白なノートから 257
ダメ出し専用の大バケ専用ノートを作る 258

6 「デジタル環境」を整えて能率が上がる時間の習慣

「リマインド機能」を活用すれば、重要な案件だけに集中できる 262

たまったメールをムダなく処理するには、新着順で読むのが鉄則 263
今すぐ実践したい、メールの送信ミスがなくなる方法とは？ 265
ブログはフィードリーダーに登録し、更新記事だけチェック 266
「あとで読む」サービスで、すきま時間にウェブ記事を読む 268
ショートカットキー使いでパソコン操作はもっと簡略化できる 270
「オートページャライズ」で、大量のページもスイスイ読める 271
曖昧な言葉をネット検索するときに欠かせない㊙記号とは？ 273
ファイルタイプ指定で検索すれば、統計情報はすぐに見つかる！ 274
検索効率が格段にアップする「演算子」使いのコツとは？ 276
ウェブ情報の取捨選択には、「はてなブックマーク」をチェック 278
管理と検索が一気にラクになる、ファイル名のルールとは？ 279
1枚＋αに仕上がった書類を1枚に収める早ワザとは？ 281
情報の重複を避けるためニュースソースは1つに絞る 282
「リーチブロック」なら、仕事中の誘惑を強制的に断ち切れる 284

7 「頭のいい人」が実践する時間の習慣

苦手な分野は人に任せて、自分の得意な分野で結果を出す 288
勉強後の記憶量が格段にアップする「5分間復習法」の秘密 289
「ツリー方式」を使えば、複雑な内容も覚えやすくなる 291
記憶を定着させるには、学習した直後に眠るのがベスト 292
忘れたくない情報は、感情の変化と連動させて記憶する 294
ビジネス書を読むときの〝いいとこどり〟テクニックとは？ 295
歩きながら「英語思考」をすれば、英会話が短期で身につく 297
外国語を短期習得したいならあえて英語以外を選ぶ 298
最短で勉強の結果を出すには、最初の行程表作りに時間をかける 300
資格試験の勉強は、周囲に宣言して継続力をアップさせる 302
先に願書を出してしまえば、試験勉強はおのずとはかどる 304

特集

最短の時間でベストの結論を出す方法3

記憶力・集中力編

覚えれば一生使える「スキル記憶」のすごい効果　308
アタマの働きに磨きをかける「海馬トレーニング」のコツ　310
たくさんのことを瞬時に覚える「連想結合」の極意　316
「記憶の分類法」を意識するとアタマがよくなる理由　320
記憶のモレをなくすための超簡単な「3つの手順」　324
記憶力がいい人の「脳の仕組み」を知っていますか？　326
「優先順位計画」で集中力が10倍アップする！　328
たった5分で集中力を取り戻す！　注目の「自律訓練集中法」　332
よけいなことを脳から追い出すには「1点集中トレーニング」が効く！　334
これだけはおさえたい！　誰でもできる「速読」の技術　336

8 「自分の時間」が面白いほど増える時間の習慣

「ひらめき」を後からすぐに思い出すための記憶術とは？ 342
読書の意義が倍増する、カシコい本の読み方とは？ 343
読書習慣がなぜか時短につながるカラクリとは？ 345
「単体」ではなく「系譜」を意識すると、知識の幅が一気に広がる 346
これを減らせば年間で365時間も捻出できる、ある習慣とは？ 347
スケジュール帳の使い方を変えれば、自分の時間をキープできる 349
朝のシャワーでアイデアの捻出時間を時短する 350
1時間半刻みの睡眠で、朝のスタートダッシュが切れる 352
睡眠を6時間に減らせば、生活にうるおいをプラスできる 353
休日の寝だめをやめれば、脳も体ももっと元気に動き出す 355
深く眠るために、夜のテレビは控えてニュースは朝見る 356
集中して5分間眠るだけで脳は一気に活性化する 358
脳と体をリセットするために、徹夜明けは〝30分〟でも寝る 359
効率的に痩せるには、17時から20時の覚醒のピークにジムに行く 361
会社の近くか遠くに引っ越して通勤時間のムダをなくす 362

カバー写真提供■iStock.com/Hong Li
本文写真提供■ProStockStudio/shutterstock.com
本文イラスト■盛本パンジャ
■角慎作
本文図版作成・DTP■ハッシィ

1

「段取り力」が身につく時間の習慣

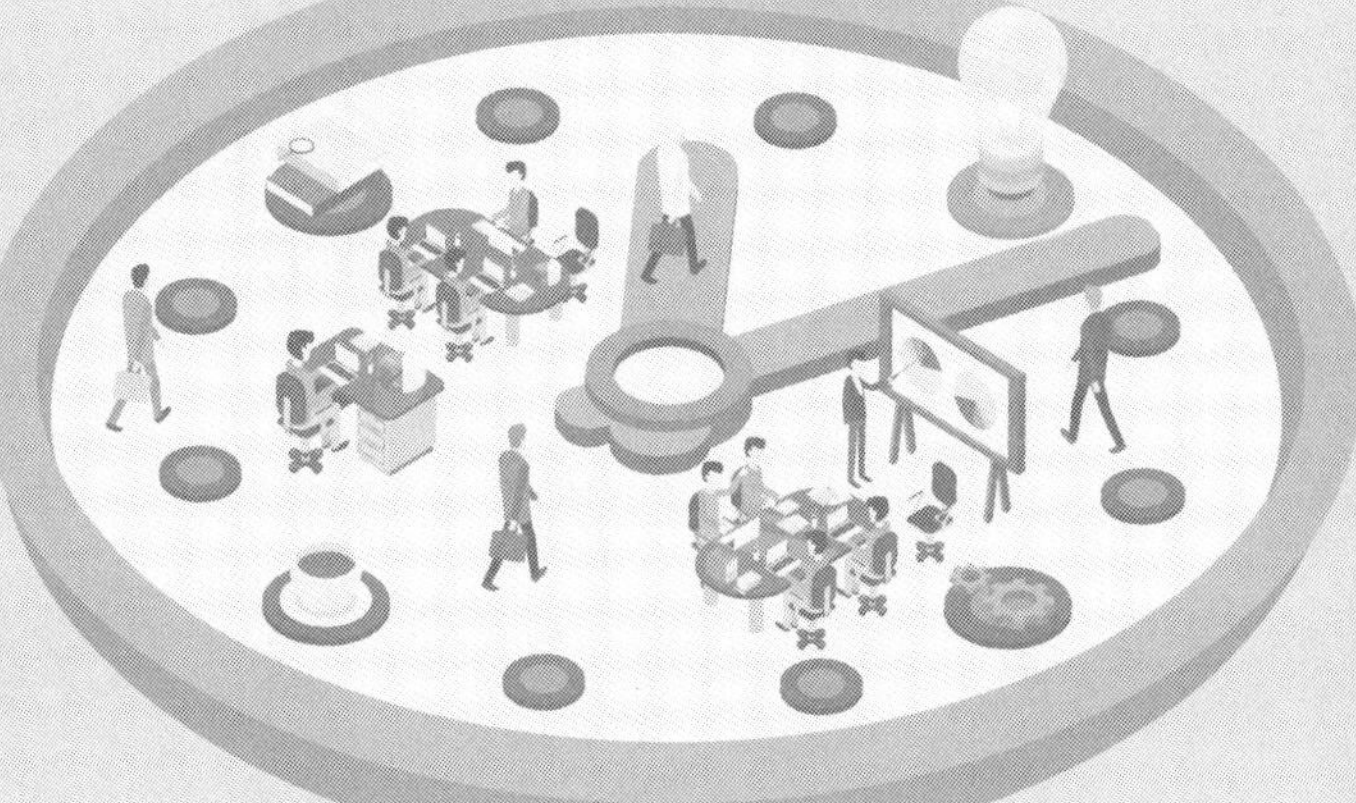

スケジュールは、自分だけの「集中タイム」を意識して組む

1日のうちには集中しやすい時間帯と、逆に集中しづらい時間帯がある。そこで、それを意識して1日の仕事のスケジュールを立ててみると、おのずと効率のいい仕事ができるようになる。

よくいわれるのが、最も集中したい仕事は朝イチから午前中に取りかかるほうがいい、というものだ。脳に蓄積された情報は眠っている間に整理されるので、朝は頭が一番リフレッシュされた状態になっているからだ。

それとは逆に、昼食が終わってからの午後の時間帯は、集中力が途切れがちになって効率が落ちてしまう。

実際にビジネスパーソンを対象にした調査でも、自分が集中できないと感じてい

る時間は午後の「1時から3時」という答えが多かった。

あらかじめ集中しづらい時間がわかっているのならば、最初からその時間帯にあえて大事な仕事をすることはない。

社内での打ち合わせを入れたり、雑用を処理する時間に充てたほうが効率がいいだろう。

「時間家計簿」で、ムダな時間を自己投資の時間にチェンジ

家計における節約の第一歩は家計簿をつけることだといわれるように、時間節約の第一歩は「時間家計簿」をつけることだ。

日々の時間の使い方を目に見える形にすることで、どれだけ時間をムダにしているかがわかるようになるのだ。

また、お金にも「投資」や「浪費」といった使い方があるように、時間にも同じような使い方がある。

たとえば、セミナーや講演会に参加したり、自分のためになる本を読んだり、人脈を増やすために交流会で会食をしたりするのは、金銭的にも時間的にも投資になる行為だ。

また毎日ジョギングをしたり、バランスのいい食事を自炊することも体力づくりのための立派な時間的投資といえるだろう。

ところが、ただテレビを見ながら漫然と何時間も過ごしてしまうのはどうだろう。また、断われずに参加する飲み会や、暇つぶしにやっているスマホのゲームなどは時間のムダ使いだ。

時にはボーッとして頭と体を休めることは必要だし、気分転換に趣味や遊びに時間を費やすこともムダではない。大事なのはそのことに〝自覚的〟であるかどうかということだ。

まずは1週間、自分の1日を細かく書き出してみよう。そして、そこで見つけた浪費の時間を投資の時間に変えていくのだ。

目に見えるように書き出せば、思考の停滞を防止できる

やらなければならない仕事が山ほどあるのに、いったい何から手をつけ始めたらいいのか悩んでしまうことがある。

企画書の作成にアポイントの電話、メールへの返信、打ち合わせの電話、データの整理などやるべきことがたくさんあるのに、プライベートな飲み会の連絡や帰りにトイレットペーパーと牛乳を買って…などと考え出すと混乱してしまう。

そして再び仕事モードに戻ったときに、そうだったメールチェックだ、下調べだ、打ち合わせは何時にしよう、と何度も同じことを考えてしまうことになるのだ。

こうしたムダな思考を繰り返さないためには、頭の中にあるものをすべて書き出して、やるべきことを明確にしてから整理するといい。

紙はできればメモ帳のようなものではなく、A4やA3ぐらいの大きめの紙を使

ってのびのびと書くことをおすすめする。縦でも横でも、斜めでもいいから、思い浮かぶままに紙に書いていくと、自分の抱えていることが目に見えてわかるようになるので仕事全体の輪郭がつかめるようになる。

何が必要で何が不要か、どこを膨らませていけばいいのか、何を優先させればいいのかがハッキリしてくるのだ。

考える↓書く↓確認することは、頭で考えるだけよりもスムーズに考えを整理できる思考サイクルなのである。

翌週のスケジュールは土曜日に立てるべし！

「週末は仕事を忘れてしっかり休む」ことや「オンとオフのメリハリをつける」ことは、デキるビジネスパーソンの条件とされていたのだが、じつはこの考え方はちょっと古い。

脳科学的にみると仕事が波にノッているときは、脳内からドーパミンという物質が分泌されており、いくら仕事をしても飽きることなく集中できるということがわかっているからだ。

こういうときは、たとえ土曜日や日曜日であっても、積極的に仕事をしたほうがいい。ノッているときこそフル回転で仕事に取り組んだほうが、仕事の能率はむしろ上がるのである。

とはいえ、出社しないとできない仕事もある。そこで、仕事へのモチベーションをキープするために、土日を有効に活用して仕事の環境を整えてみてはどうだろうか。たとえば、翌週1週間分のスケジュールを前の週の土曜日に自宅で立ててしまうのである。

こうしておけば、月曜日の朝は職場に入ると同時に速やかに仕事に取り組むことができるようになり、急な予定の変更にも余裕をもって対応できるようになる。月曜日の朝からいきなりフルパワーで仕事に取りかかれるようになるのだ。

スケジュール管理の極意は「終わる時間」を決めることにあり

スケジュール帳に予定を書くときは、たとえば「打ち合わせ14時～」などと、始まる時間だけを書き込んでいる人が多い。たしかに、どんな展開になるかわからない話し合いは、何時間かかるか読めないということもあるだろう。

だが、他にもやらなくてはならないことが山積みになっているときなどは、いつ終わるかわからない会議はそれだけでストレスになる。

そこで、とくに指定されていなくても自分のスケジュール帳には「終わる時間」と次の予定を書き込んでおくといい。たとえば、「打ち合わせ　14時～16時30分」と終わる時間を書き、さらに「16時45分～　資料作成」と次の予定を書き入れておくと、その時間内で区切りをつけようという意識が高まるのだ。

そうすることで、ダラダラとムダな時間を過ごすこともなくなるだろう。

集中力をキープするには、「15分サイクル」で時間を区切る

ビジネスパーソンのほとんどが、1日のうちで最も長く時間を過ごす場所といえば職場である。1日に8時間勤務するとして480分も職場にいる計算になる。とはいえ、その間ずっと集中した状態を保つのは不可能だ。

そこでスポーツジムや学校の授業のように、1日の仕事を複数の「コマ」に分けてメリハリをつけるといい。そのときに基本になる時間が「15分」という単位である。

一般に、人間が集中力を発揮しやすい時間は15分だといわれている。そこで、15分集中したらひと区切りをつけて、また次の15分に集中する、というように15分サイクルで仕事を進めるのだ。

たとえば、会議などは30分から1時間の単位で設定されることが多い。そこで、30分ならば15分×2コマ、1時間ならば4コマと自分で意識して、最初の1コマは意見を出し合う時間、次の1コマはその意見をまとめる時間…などと15分ずつ積み重ねていけば、集中力は途切れることはない。

とりわけパソコンを使って仕事をしているときは、つい夢中になって作業を続けてしまいがちだが、最低でも1時間に10分の休憩を入れるのが理想だといわれている。これは健康のためだけでなく、テンポよく仕事が片づくという効果もあるのだ。

記号化や暗号化で、日常の事務連絡はもっと簡略化できる

以前はテレビで国会中継を見ていると画面の中に速記係がいたが、時短という意味では、速記は書き物における〝究極の時短テク〟だ。

速記とはいわないまでも、ビジネスの現場でも連絡事項やメモを記号や暗号に置き換えるという方法は案外有効で、実践している人も多い。

わかりやすい例を挙げるなら、オフィスのネームボードなどによく書かれる「NR」だ。NRとはNo Returnの略で、意味は「直帰」である。

また、会社によっては「MGR」（マネージャー）や、「MTG」（ミーティング）、「ASAP」（できるだけ早く）などが使われていることもある。

もちろん、何でも縮めればいいというわけではないが、TPOをわきまえて自分のスケジュールや仲間うちで情報を共有する場合のメモにはどんどん使うといいだろう。

たとえば、「午後1時に応接室Bで会議」なら「13B会」と略してもいいし、「15日までAプロジェクトの企画案を提出」なら「15日A―PJT企」などと略してもいい。

これなら書く手間が省けるうえに、略し方に法則があればこのほうが見やすかったりもするのだ。

会議が短時間で終わるかどうかのカギを握る意外な条件とは?

意見こそ盛んに飛び交うものの、いつまでも結論が出ない会議には誰でも閉口させられるものだ。しかも、「では、来週の同じ時間にもう一度集まって…」などということになればモチベーションはさらに下がるだろう。

そこでおすすめしたいのが、ホワイトボードの活用法だ。参加者がただ思いつきを口にしているだけではまとまる話もまとまらないので、ボードに書いて視覚化し、議論の内容を全員で共有していくのだ。

さらに、部屋の広さも会議の進行のカギを握っている。ある実験によると、男性の参加者が多い会議の場合、会議室が狭いと発言が攻撃的になってしまいがちになるが、広い会議室では冷静に話し合いを進めることができたというのだ。ちなみに女性の場合は、狭い部屋のほうが会議を和やかに進めることができたという。

そのときの会議の内容や参加者の顔ぶれによって会議室を選べば、今まで何時間もかかっていた長い会議も短い時間で終わらせることができるようになるのだ。

1つの仕事を複数で行うことで生まれる相乗効果とは?

絶対にミスが許されない医療の現場では、診察から薬の処方までさまざまな場面において「ダブルチェック」が基本となっている。1つの仕事に2人や3人で取りかかることは、単純に作業の効率を上げたりミスを減らすというメリットがあるだけではない。仕事のストレスやプレッシャーを分散できるといった効果も兼ね備えているのだ。ところで、このダブルチェックは医療現場以外にも活用できる。

最近ではパソコンのモニターと向かい合いながら1人で仕事をする時間が増えて

いるが、自分1人の目線で仕事をしていると、ついミスをしたり、本来進むべき方向からズレてしまうことがある。しかも、それになかなか気づかないことさえある。だからこそ、ふだんからこのダブルチェックを意識して仕事を進めていくと、3人寄れば文殊の知恵ではないが、自分にはない視点や考え方がもたらされたり、逆に自分の欠点をカバーしてもらえるのである。

それに、時には同僚や上司などとぶつかりながら仕事を進めることは、コミュニケーションのスキルを養うことにもつながるのだ。

書類作成の時間を短縮する2つのテクニックとは？

プレゼンテーション用の企画書や社内会議用の資料、そしてその会議の議事録など、書類の作成は時間も労力もかかって面倒なものだ。

そこで、その都度新たに書類を作るのではなく、あらかじめ過去に作成した書類のデータをテンプレートとして残しておくといい。そうすれば、作成のスタートの段階からかなりの時間を短縮することができるからだ。

さらに、これらのテンプレートを「新規案件の提案用」とか「結果報告書」といった用途ごとに細かく分類をしておくと、まるでデータベースを検索するかのように、「この案件にはあのテンプレートが使えるな」と、すぐに引っ張り出すことができるのである。

また、上司から書類の作成を頼まれることもあるだろう。こんなときにありがちなのが、やっと完成して提出したものに大量の修正が入ってしまうことだ。

そこで、書類の作成を頼まれたら、言葉で指示を受けるだけではなく、その場で簡単なラフを書いて「こんな感じでいかがでしょうか」と、相手に確認してもらうといい。

こうしておけばお互いに〝目に見える情報〟を共有できるので、提出してからのリテイクもグンと少なくなるのだ。

書類の進捗状況が一目瞭然になる、画期的な手法とは？

企業のペーパーレス化が進んでいるとはいえ、業種や職種によってはまだまだ紙が必要なところも多いはずだ。とくに、伝票や発注書の類は出力して残しておいたほうが何かと都合がいいことがある。

そこで、この処理方法としておすすめしたいのが、書類そのものに「処理済み」のマークを入れることだ。といってもスタンプを押したり、目印を記入したりするのではない。紙の端を一部切り落としてしまうのである。

書類というものはどうしても束にして積み上げてしまいがちだ。そうすると、どれが処理済みでどれが未処理なのかわかりづらくなってしまう。それを確認するには1枚1枚めくらなくてはならないが、これがやってみると意外と面倒で時間がかかるのである。

ところが、たとえば右下の端あたりから1センチ程度を三角に切り落としておけば、めくって確認するまでもなく、どれが処理済みであるかわかる。

さらに、紙には4つの角があるので、切る場所で進捗状況を分類することも可能だ。たとえば、右下＝計算済み、左下＝報告済み…という具合である。こうすれば作業の状況も一目で把握できるし、分類や保管もしやすくなる。

端を切り落としてしまうので、それができる書類とできない書類があるが、こんな原始的なやり方が意外と時短にひと役買ってくれたりするのである。

過去の自分との「1人ブレスト」で、新しいアイデアに最短でたどりつく

書き留めたメモやノートは、可能な限り手元に残しておきたいものだ。というのは、これらを見返すと、自分で書いたにもかかわらずすっかり忘れてしまった意外

なアイデアを再発見することがあるからである。

そこで、新しいアイデアが必要なときには、古いノートやメモ、データなどを見返しながら、過去の自分とブレインストーミング（ブレスト）を行ってヒントを探し出すといい。

すると、そのときは何かの事情で採用されなかったアイデアや、まだ形にすることができなかった〝ひらめき〟が花開くかもしれないのだ。

また、今ではたいていの情報はインターネットで調べることができるが、それでは「情報を調べる技術」ばかりがうまくなっていくだけで、肝心の「自分で考える力」が磨かれない。

無用な情報や人の意見にばかり左右されてしまっていては、結論にたどり着くのに何度も遠回りしてしまうのである。

そこで、自分で考えるという習慣を身につけるためにも、自分の考えを振り返ったり、1つのことをとことん突き詰めて考えたりする「1人ブレスト」の時間が有効になってくるのだ。

「ToDoリスト」の中から優先すべき仕事を見極めるには？

せっかく作ったToDoリストも、やるべき仕事で埋め尽くされていると逆に途方に暮れてしまうことがある。こんなとき、どの順番で大量の仕事を片づけていけばより効率的だろうか。

たとえば、複雑で時間のかかる仕事から先に手をつけてしまうと、やらねばならないことがいっこうに減らないことになる。

そんなことにならないように、すぐに手をつけられて、短時間で処理できる仕事は優先的に処理するクセをつけておきたい。

手持ちの仕事の中から、「資料のコピーをとっておく」とか「クライアントにメールの返信をする」といった、ほんの1～2分で済む仕事から率先して手をつけるようにするのだ。

それに、小さな仕事を後回しにしてから別の大きな仕事に取りかかったとしても、「これが終わっても、あの仕事がある…」と気になって集中して取り組むことができなくなってしまうだろう。

それよりは、「小さな仕事を済ませてから、大きな仕事にとりかかる」という戦略のほうが効果的な場合もあることを頭に入れておきたい。

こうして仕事をため込まない習慣が身につけば、仕事全体の処理スピードも自然と高まっていくはずだ。

ルーチンワークの時短には、まず「目標タイム」を設定する

家計を引き締めるための黄金則に、「家賃や公共料金の支払いなどの固定費を見直す」というものがある。

じつはこの方法は、毎日の仕事を効率よく行うときにもそのまま応用できる。仕事における「固定費」といえば、毎週、毎日必ず発生するルーチンワークと考えることができる。このルーチンワークを見直して少しでも効率よく処理することが、仕事全体の効率アップにつながるのである。

そこで、まずは手持ちのルーチンワークに対して、自分がどれくらいの時間をかけているかを把握する。こうして基準値となる作業時間を明確にしてから、いかにしてこの時間を短縮するかを考えていくのだ。

たとえば、ストップウォッチやタイマーを使って、実際に時間を計ってみるといい。それもだいたい何分くらいとアバウトではなく、秒単位で正確に計ってほしい。するとどうだろう、自分で考えていたよりも意外と多くの時間がかかっているのではないだろうか。

こうして時間を計測することは、目標を数値化、あるいは視覚化していることにほかならない。

かかった時間を書き出しておけば、それは短縮すべき目標タイムになる。すると、その時間をたとえ1秒でもいいから縮めようとするので仕事に集中できるのだ。

また、作業を行う時間帯や曜日を固定しておくといい。「この作業は毎週金曜日の10時から11時半の間にする」などと決めておけば、その前後の仕事にもリズムが生まれるばかりか、1週間のスケジュールが立てやすくなる。

こうして万全のスケジュール管理の下で少しでもゆとりが生まれれば、仕事の質がアップするだけでなく、突発的な仕事にも対応することができるようになっていくのである。

「作業系」と「思考系」で切り分ければ、仕事にメリハリが出る

テレビを見ながら○○をするという「ながら族」は多いが、ある調査によれば最近はテレビを見ながらパソコンをいじる人がじつに多いそうだ。

ながら族というと、どの作業にも集中していないようなマイナスイメージがある

が、脳が活性化し、逆に効率がよくなるとの説も近年になって浮上している。

しかし当然、一点集中でなければこなせない仕事があるのも事実で、細心の注意を払って作成しなくてはならない企画書や、プレゼン用の提案書、営業戦略の組み立てなど、「考える力」が求められるものは何かをしながらでは難しい。

だが、こうした「思考系」のものと、交通費の精算などの「作業系」のものにうまく切り分けてこなすようにすると、グンと効率がよくなるのだ。

たとえば、交通費の精算などは集中力が高まる時間帯にするのはもったいないので、昼食後に計算すると決めてしまう。こうすれば、細心の注意を払わなくてはならない重要な仕事をしているときに、ふと「早く交通費を精算しなければ」と思い出して集中力を切らすこともなくなる。

さらに、浮いた時間を思考系の仕事に充てられるだけでなく、1日のスケジュールにメリハリがついて仕事自体が散漫になることを防いでくれるのだ。

ちなみに、思考系の仕事はジョギング中や電車での移動中など、デスク以外の無心になれる場所で行うのもいい。

小さな目標を設定すれば、面倒な仕事もサクサク進む

仕事は取りかかるまでが一番時間のかかるものだ。ましてや、それが数十ページにものぼる大量の書類の作成やデータの整理など、すぐには片づかないような面倒な仕事だとしたら、何かと理由をつけてつい後回しにしたくなるものである。

このように、ゴールまでの距離が遠すぎる仕事を前にしたときに、すぐに取りかかれて、しかも効率よく進められる方法がある。

それは、「この仕事をするのは1日で1時間だけにしよう」とか、「1時間で10ページ作っていこう」といった具合に、最終的な目標の前に〝小さな目標〟をいくつも設定するのだ。

これはマラソンの初心者がする練習に似ている点がある。フルマラソンを走り切ろうと思ったら、まず10キロのロードレースに向けて練習を開始するはずだ。

そして、次にハーフマラソンへと距離を延ばし、最終的にフルマラソンに挑戦する。徐々に走る時間と距離を延ばしていくのである。

つまり、比較的簡単に達成できる到達点を用意しておけば、いざ仕事に取りかかるときに「ゴールが見えない」というプレッシャーを軽減できる。

それに、ただ漫然と仕事をしているよりも、目標を細かく設定しておけば集中して取り組めるので、効率が上がって作業時間も短縮できるというわけだ。

タイムオーバーを防ぐには、作業時間を細かく区切る

レシピには、料理の仕上がりまでの工程が写真やイラストを使ってわかりやすく紹介されているが、じつはここにも仕事でも使える時短テクニックがある。

たいていの本には、「まず中火で3分ほど炒めて」から「スープを加えて15分煮

込む」などと、調理の工程が書かれている。単に「下ごしらえをしてから完成までに30分かかります」とだけ書かれているよりも、こうして工程ごとにかかる時間が書いてあるほうが、効率よく調理ができて失敗が少ない。しかも事前に時間が読めるので、同時に何品か作ることもできる。

つまり、ふだんの仕事でも工程ごとに「何分必要なのか」を想定しておけばいいのである。

たとえば、大まかに「午前中で仕上げよう」と仕事に取りかかると、つい予定していた時間をオーバーしてしまうことがある。それよりも、「30分で下調べを済ませて、1時間でまとめて、15分でプリントアウトとコピーをして…」と作業時間を区切っておけば、たとえどこかの工程で時間をかけ過ぎてしまっても、その後の仕事を調整することで、最終的には予定通りにこなせるのだ。

それに、「コピーをとっている間に返信していなかったメールが処理できるな」などと、別の仕事を同時にこなす算段も立てやすくなる。

仕事をスピードアップさせたければ、作業ごとの時間配分を意識することから始めてみてはいかがだろうか。

アポイントの電話をかける ベストなタイミングは何曜日？

ふだんはなかなか席にいない上司に決済をもらうときや、取引先の企業の担当者に新商品の営業をかけるときなどには、相手が忙しいと何度連絡をとってもなかなかアポイントをもらえないことがある。

そんなときは、月曜日を狙ってアポイントを入れてみるといい。そうすれば、何度も連絡をするような手間をかけずに、かなり高い確率で時間をとってもらうことができるからだ。

なぜなら、1週間のうちで月曜日は多くのビジネスパーソンの在席率が最も高いからである。

その週の予定を確認するために、週初めの月曜日に定例の会議をセッティングしている企業は多い。朝礼が行われるのも圧倒的に月曜日が多いものだ。

すると、多くのビジネスパーソンが月曜日は外出を避けてオフィスにいるようになる。そのタイミングを狙えば、アポもおのずと取りやすくなるのである。

いっそのこと、「月曜日は人と会うための約束を取りつける日」だと決めてしまえば、1週間のスケジュールもムダなく立てられるかもしれない。

アイデアがみるみるまとまる、4段階の思考プロセスとは？

考えがまとまらずに時間だけが刻々と過ぎてしまうようなときは、まず、考えるべきテーマを明確にしてから「分析」、「総合」、「評価」、「決定」という手順に従ってそのテーマを検討していけばいい。

たとえば、取引先へ新しいシステムの提案を考えているとすれば、まず、取引先が何に困っているか、何を必要としているかなどを「分析」してから「総合」的に問題解決に向けて具体案を考える。

そうしておいてから、取引先のニーズに沿うためにどんなシステムやサービスを提案すればいいか、候補をいくつか考えていき、それらの案の中でどれを選ぶのか検討や「評価」を重ねていくのだ。

ちなみに、この過程でさらに磨きをかけてグレードアップをしてもいい。そして、ベストな案を選んで「決定」するわけである。

スケジュール帳で「イメージング」してビジネスの先手を打つ

手帳には、「急いでいるときでもすぐに書ける」とか「自分の文字なので情報が頭の中に残る」といったメリットがある。

しかも予定を書き込んだり、見返したりすることが、仕事のムダを省くのにひと役買ってくれる場合がある。

たとえば、外出の予定を書き込むとする。このときに目的地までのルートや所要時間に始まり、あらかじめどんな準備が必要で持参する資料はどれか、そして相手と何を話すかまで頭の中でイメージをして書き込んでいるはずだ。

これは「イメージング」と呼ばれる行動で、こうして事前に頭の中で多くのシナリオを用意しておけば、たとえば持ち物が多いときにもうっかり忘れてしまうこともなくなるし、予期せぬトラブルなどさまざまな状況にも対応できるようになるのだ。

さらにこのイメージングを使って、外出先での営業トークなどの綿密なシミュレーションまでできればパーフェクトである。

相手のニーズをどのように聞き出すか、そして想定される疑問や質問にはどう切り返すかなどをチェックできるうえ、最終的に相手にYESと言わせるまでの道筋を何通りも用意できるようになるのだ。

3段階で仕上げれば、企画書が格段に速く完成する

いくら豊富な企画のアイデアを持っていても、それを企画書にまとめるのは苦手だという人は多い。そこで、企画書作りのスピードが上がるちょっとしたコツを紹介しよう。

たとえば、売り上げ実績などの数値を交えながら企画書を作るとする。ところがこのときに、細かい数字やデータをいちいち調べながら書いていくとなかなか先に進まなくなり、すべてを仕上げるまでに膨大な時間がかかってしまう。そこで、ページ数が多い企画書は、細かいところは気にせずにどんどん書き進めるといい。

まずは、目次を考えて企画書の骨子を組み立てることを第1段階とする。そして、第2段階では数字などはダミーで入れておいて、とにかく最後まで書ききってしま

う。この時点での完成度としては7～8割くらいを目指しておけばいいだろう。

最後に第3段階として、細かな数字を調べ上げることに注力する。これを企画書につけ足していけばいいのである。こうしてメリハリをつけて仕上げれば、企画書自体も説得力のある内容になる。

また、企画書がある程度仕上がったらパソコンの画面でチェックするだけではなく、プリントアウトをして全体に目を通すようにしてみよう。

こうすれば全体を俯瞰して見ることができるので言い回しや体裁などに統一感が出て、企画書全体のクオリティーが格段にアップするはずである。

上司の好みやクセを分析すれば、効率的に通る企画書が作れる

職種や業界を問わず客のニーズをリサーチして商品開発に反映させるマーケティ

ングのスキルは、売れる商品を生み出すためには欠かせないものだ。

ところで、そんなマーケティングのスキルは、仕事の効率を高めることにもとても役立つことをご存じだろうか。

たとえば、ある上司から「新商品に関する企画書を大至急用意してほしい」と依頼があったとする。このときに、日ごろからその上司の好みやクセをリサーチできていれば、時間をかけずに納得させられる企画書を用意することができるはずである。

もしもせっかちで何よりもまず結論を求めるタイプの上司なら、結論から書き始めるといい。わざわざ時間をかけて細かいデータを延々と説明するような企画書を作ったとしても、それでは最後まで読んではもらえないからだ。

その一方で、とにかく数字に細かいタイプの上司には、結論を急がずにデータを積み上げていくほうが有効になる。

このように、いつでも同じ方法ではなく、相手のニーズやそのときの状況を見抜いて対処すれば、仕事はどんどんラクになるのである。

大量の仕事をこなすには、「全部やる」ではなく「全体をみる」

「仕事が多すぎて、残業したって全部を終わらせるなんて無理！」とボヤいている人は、「全部をやろう」とするのではなく、まず「全体を見る」ことから始めてみるといい。

1から10まですべてのことをきっちり終わらせようとすると、細かい仕事やプライオリティの低い仕事にも手を出すことになってしまう。そうすると、さほど重要ではないことに時間をとられてしまい、いつまでたっても仕事を終わらせることができない。

まずは、仕事に手をつける前に全体をざっと見渡してそれぞれの内容を吟味する。すると、「8と9が大事だから先に終わらせよう」と、即座に優先順位を決めることができるのだ。

さらに、「1と10は今日中でなくてもOKだから後回し」とか「5は自分がやらなくてもいい仕事だから後輩に頼もう」などと、今なすべきことが何なのかが効率よく判断できるようになるのだ。

その結果、数日はかかりそうに思えた仕事もその日のうちに見通しがつけられるようになる。

しかも、全体を把握することで見落としている仕事やダブっているところも見えてくる。

すると、事前にミスやムダを回避できるだけでなく、面倒なトラブルの処理に費やす時間をかなり短縮することができるのだ。

仕事では「量より質」が求められることが多い。「任された仕事はすべて自分でやらなくてはいけない」という固定観念をまず取り去ることからスタートしてみよう。

全体の中から重要な案件を選択し、優先順位に従って仕事のペース配分をしていけば、結果的に質のいい仕事をすることにもつながるのである。

「流れ」を意識すれば、ルーチンワークはもっと時短できる

定期的なメールのチェックや書類のファイリングなど、1日の中で必ずしなくてはならないお決まりの仕事というのは誰にでもあるものだ。

しかし、急ぎの仕事を抱えるなかで、こうした作業は思いのほか時間をとられてしまい面倒くさくなる。そこで、こうしたルーチンワークは上手に「習慣化」してしまうことをおすすめする。

たとえば、朝起きてから出社するまでの一連の作業を思い起こしてほしい。食パンをトースターにセットして焼きあがるまでの間に顔を洗い、朝食を食べながら新聞を読んで、歯を磨きながら身支度を整えて家を出る。男性なら、その間たったの15分という人もいるのではないだろうか。

これは最低限しなくてはならない作業を極めて効率よく、短時間に凝縮したいい

例だ。定番の仕事も毎朝の身支度と同じで、習慣化して流れを体に染みこませてしまえばいいのである。

すでに触れたように、時短のコツは、同時進行できることはまとめて処理できるように上手に組み合わせる、作業が滞らないように仕事の〝流れ〟を意識してルーチン化する、15分以内で終わらせるなどだ。今までかかっていた時間より短めに設定し、時間内に終わらせるように体に叩き込むのである。

また、出社してすぐや、昼休みが終わってすぐなど、頭がまだ仕事モードに切り替わらない時間帯に「習慣化」した仕事をやるのもいい。

「半分の時間でやる」と意識するだけで集中力がアップする！

資料を作り始めて1時間。あと残り30分でこの資料を完成させて提出しなくてはならないのに、あろうことか突然パソコンの電源が落ちて今まで作成したデータをすべて消去してしてしまった…。

こんな最悪の事態に陥ったときに、再び集中して資料を作り始めた結果、作り直した箇所も含めて結局30分で仕上がってしまった、などという経験はないだろうか。

人は追い込まれたほうが本領を発揮するものだ。時間についても同じである。時間があると思うと余裕を感じて、作業がなかなか先に進まないこともある。だが、いざ追い込まれると意識が集中し、頭をフル回転させて工夫をするものなのだ。

そこで「この仕事を今の半分の時間でできないか」と、ふだんから心がけることをおすすめしたい。

たとえば、今まで1時間かかっていた仕事を「30分で終わらせる」と意識するだけで、作業効率がグンとよくなる。実際に半分とまではいかなくても、かなりの時間を短縮することができるはずだ。

しかも、ムダに長い時間をかけて仕事をしていたときよりも、集中して取り組むほうが頭もクリアになってよく働く。その結果、思わぬ斬新なアイデアが浮かんだり、不要な部分が見えてきたりして、仕事もブラッシュアップされるのである。

どうしても仕事に集中できないときに使いたい奥の手とは?

誰でも他人から自分がどう見られているかは気になるものだ。心理学の世界ではこれを「自己注視」と呼ぶが、じつはこの自己注視が仕事の効率を高めるうえで効果的なのである。

たとえば、会社の近くにパソコンと資料を広げるのに十分な席が確保できるカフェがあれば、そこを自分の「セカンドオフィス」にしてしまうのだ。そして、どうにも仕事に集中できないときはそこにパソコンを持っていって仕事をするのである。

カフェのような周囲に知らない人がいる場所でパソコンを開くと、実際に見られているかどうかは別として、自己注視の心理が働いて嫌でも仕事に集中できるようになるのだ。

しかも、会社にいるとどうしても電話がかかってきたり、上司からの急な呼び出しなどの横やりが入ることがあるが、その心配もない。

それに、環境が変わることで頭がリセットされ、アイデアの糸口さえ浮かばなかった企画書作りが急にはかどることもある。隣のテーブルから聞こえてくる話し声や、店に置いてある雑誌などからヒントを得ることもあるだろう。

最近は無線ＬＡＮが利用できるカフェも増えているので、インターネットの利用やメールの送受信も問題なく行えるはずだ。数百円ほどのコーヒー代で仕事がはかどるなら安いものである。

眠気を誘う会議で、集中力を保つためのアイデアとは？

国会中継などでウトウトと居眠りする議員の姿がテレビに映されることがあるが、

自分のオフィスの会議室に目を向けてみると、長引いている会議で眠気と戦っている人や、集中力が途切れてしまい何やら落書きをしている人もいる。これではお世辞にも有意義な会議とはいえないだろう。

最後まで集中力を保ちながら、眠気に負けないためには立ってミーティングを行うことだ。

座っているとつい気が散りがちなものだが、立っていると余計なことはできないし、脚が疲れてくるのでさっさと終えたいという心理も働く。このためダラダラと話を続けることなく、本題だけを短時間で話し合うことができるのだ。

また、会議室を使わないで、自分たちの部署の中で立って会議を行うともっと早く会議を終らせることができる。

わざわざ会議室を確保する手間もなくなるし、メンバーさえ揃っていればすぐに打ち合わせができる。

会議は気軽に、短時間に集中して行うことがチームの機動力を上げるコツなのである。

「黄色」グッズを活用すれば、集中力がアップする

目から入る情報の8割は色だといわれているが、色が人にもたらす心理的な影響はとても大きい。

たとえば、飲食店で赤色を多用しているのは客の回転率を上げようとしているためで、赤色はエネルギーが強く、落ち着かない気持ちにさせる効果があるからだ。

では、集中力を増す色は何かといえば「黄色」である。黄色は有彩色の中で最も明るく、見ているだけでなんだか気分を明るくしてくれる。同時に膨張色であり、危険を示す標識が黄色であることからわかるようにとても目立つ色である。

ちなみに、目の網膜は黄色をターゲットにして焦点を合わせるメカニズムをもっている。つまり、黄色を見ると目が焦点を合わせようとしてシャキッとするのである。だから、集中したい場所には黄色を配色するといいのだ。

とはいえ、黄色は多すぎると気分が高揚しすぎてしまうので、逆に集中できなくなってしまうこともある。色を取り入れるには分量が大切で、黄色の場合はワンポイント的に使うのがベスト。黄色い花を飾ってみたり、ノートやペン、メモ用紙といった小物で十分だ。ほんのちょっとしたことだが、そのちょっとしたことで集中ができて物事を片づけていく力になるなら取り入れない手はないだろう。

「できる」と信じて方法を探り、ウジウジ悩む時間をカット

仕事が思うように進まない原因の1つに、気の持ちようがある。「できるか、できないか」「失敗するかも…」とあれこれ考えてしまうから、結論にたどりつくまでに時間がかかるのだ。

しかし、いつも「できる」ということを前提に「どうしたらできるか？」を考え

るクセをつければ、悩む時間は大幅に短縮できる。

そもそも脳は、「できる」と思えば、その目標に向かって飛躍的にその働きを向上させるものらしい。脳科学者の松本元氏（故人）は『愛は脳を活性化する』（岩波書店）の中で、「脳は『できる』と確信する（仮説を立てる）と、その確信の論理的な後ろ盾を与えるべく認知情報処理系がフル活動する」といっている。

困難に出くわしたら、すぐに「どんな方法ならできるか」と考え始めるといい。そうすれば脳は活性化するし、迷わない分だけ時短にもなるのである。

タイマーを使えばたちまち集中力がアップ！

出張のときに、出発までの時間を使って仕事の資料や書類に目を通そうと、早めに駅や空港に行く人は多い。

だが、何かに没頭しているときというのは思いのほか時間が進むのが早い。そのため、乗り遅れはしまいかと時間ばかりが気になり、結局何もできなかったという経験はないだろうか。

そこで、そんなときに役立つのがタイマーだ。腕時計や携帯電話のアラーム機能を利用して、出発時間の数分前にあらかじめタイマーをセットしておくのである。

そうすれば、時間を忘れて仕事に没頭しても乗り遅れることがなくなる。なにより、タイマーをセットするだけで、集中力がアップするはずだ。

朝一番の「ToDoリスト」作成でもう仕事に追われない

仕事がデキることは能力以上に効率性と関係がある。一生懸命に働いているのに、仕事の進みが遅いというケースのほとんどは能力ではなく、非効率なやり方に問題があるのである。

この非効率なやり方を解決するには、朝一番に「ＴｏＤｏリスト」を作成するといい。すでに触れたように、ＴｏＤｏリストとは、「やるべきことの一覧表」のことである。

たとえば、無計画のままで「仕事Ａ」を始めて、途中でより緊急度の高い「仕事Ｂ」を思い出した場合、進行中のＡはいったん脇に置き、Ｂに着手することになる。

そして、Ｂが終わったらＡに戻るわけだが、すぐに思考を切り替えるのは意外と難しいものだ。「どこまでやったんだっけ？」と見返している時間ももったいないし、仕事の内容によってはミスを招きやすく、そうなればそれにまつわる時間と労力にもロスが出る。

しかし、朝のうちに今日やるべきことをズラッと書き出しておけば、優先順位は一目瞭然だ。１日の流れもイメージできて、モチベーションも上向きになる。

つまり、ＴｏＤｏリストを作るだけで、仕事が「追われる」ものから「こなす」ものへと変わっていくのだ。

リスト作成の注意点は３つ。まず、終わったら必ずチェックを入れるか、棒線を引くなどして項目を潰していくこと。これは達成感を得るために必要なので、自分の〝儀式〟として習慣化させるといい。それから必要以上に丁寧につくらないこと。体裁にこだわるとリストの作成が目的になってしまい、その後のモチベーションが保てない恐れがある。殴り書きぐらいで十分なのだ。

さらに、仕事内容は状況しだいで変化するので、1日3回はそのリストの見直しをするようにしよう。午後の始業前とか終業の1時間前など、こちらも時間を決めておけば習慣になるはずだ。

先回りの鉄則は複数の仕事をまとめて処理することにあり

忙しいときには、2つのことを同時に進めて効率よくすませたいと思うものだ。これを「ながら仕事」とか「ながら勉強」というとどこかよくないイメージがつきまとうが、「同時に複数のことを処理する」と言い換えると、途端に高尚なテクニックのように思えるのだから不思議なものである。

たとえば、会議にノートパソコンを持ち込んで内容をまとめながらその場で議事録を書く。これこそ、「会議に参加する」、「その内容をノートにとる」、そして「ノートの内容をパソコンに入力してまとめる」、という3つの工程を一度に行っていることになるのである。

ほかにも、移動中の電車を降りてすぐに電話をかけられるように、あらかじめ乗車中に相手の電話番号を携帯電話に入力しておくという手もある。すると、降りたとたんに通話ボタンを押すだけですぐに相手へのアプローチができるのである。

たったこれだけのことでと侮ってはいけない。もしも電話の相手が多忙を極めるような人物ならば、ほんの数秒のすれ違いでアポイントをとり損ねてしまうことだってあるのだ。

よく、手際がいいとか要領がいいというが、それは常に一歩先回りして行動ができるかどうかにかかっている。予想される仕事をいち早く察知して、それをまとめて処理できれば「手際がいいデキる人」になれるのだ。

「たたき台」を用意すれば、上司への相談がスムーズになる

上司に相談事があるときは、ただやみくもに相談にいくのではなく「たたき台」を作ってから持っていくといい。

たとえば、何の準備もなしに「部内で仕事の効率が悪くて困っているのですが」と相談しても、これではあまりに漠然としていて「具体的にどういうこと？」「それで、どうしたいの？」と聞かれて一から話を進めなければならず、かえって上司を苛立たせてしまう。

そこで、「部内で仕事の効率が落ちているので、改善案をいくつか考えました。まだ、たたき台ですが、ご意見を聞かせください」などと、要点をまとめてチェックしてもらえるような相談をするといい。

たたき台に現況や問題点、改善案などがまとめてあれば、上司もそれを見て相談内容がすぐに把握できる。「この部分をこう変更したらどうだい?」などと、すぐに具体的なアドバイスをもらえたりもするだろう。急ぎの案件の際もスピーディーに話が終わってお互いに効率がいい。

一見するとたたき台を作るのに時間がかかるように思えるが、自分でも相談内容について改めて整理・検討できる。上司に説明する際にも簡潔に話すことができるうえ、結果としてスムーズな問題解決につながるのだ。

相手の予定も把握することでスレ違いによる時間ロスをなくす

どれだけ自分のスケジュール管理が完璧だったとしても、自分の都合だけで仕事を進めることはできない。相手のスケジュールを確認して調整する力も必要になる。

たとえば、担当者が不在のために確認がとれずに仕事がストップしてしまっては、せっかく前倒しをして仕事を仕上げていても、すべて水の泡になってしまう。

そこで、もしもそれが社内の人なら、スケジュールの共有ソフトなどを活用して自分の仕事に関係する上司や社員のスケジュールを把握しておくようにしよう。そうすれば、時間が合わずにムダな時間がかかってしまうようなことも防げる。

もちろん相手にも迷惑をかけないように、自分のスケジュールを周囲の人に知らせることも忘れてはいけない。

また、社外のスタッフや取引先と仕事をする場合、とくに重要な締め切りの前後などは自分のスケジュール表に相手の予定まで書き込んでしまうといい。そうすれば、事前に相手の予定を押さえることも容易になるのだ。

このように仕事でかかわる人のスケジュール表を頻繁にチェックしてみると、この人は月初めと月末にはスケジュールが埋まっているとか、毎週月曜日は打ち合わせがあって身動きがとれないなど、その人の行動パターンが見えてくる。

そうなれば、あらかじめ相手の予定を見越して仕事の段取りをしたり、アポイントも入れやすくなるのだ。

空き時間用のメニューを用意し、コマ切れ時間も有効活用する

ふいに予定されていた会議が流れることがある。これで自分の仕事がはかどると喜んだものの、いざその時間をどう活かそうかとあれこれ考えているうちに、時間だけがどんどん過ぎてしまった――。

これでは、せっかく手に入った貴重な時間も100パーセント有効に使い切ることはできない。

こんなときのためにも、手帳に「空き時間用の仕事リスト」を用意しておくことをおすすめする。緊急性は低くてもいつかは手をつけなければならない仕事を書き込んでおくのだ。

そして、急に時間が空いたときにこのリストの中からそのときにできる仕事を選

ぶのである。つまり、〝すき間時間〟を有効活用するのだ。

また、社外でも短時間でできる仕事をピックアップしておくといい。そうすれば、アポイントを入れた時間より早く到着したときなどに小さな仕事をサッと片づけることができる。

5分の空き時間が1日に4回あれば、合計して20分の時間が手に入ることになる。1週間では、1時間以上の時間が使えることになる。思っている以上に仕事に使える時間はまだまだ眠っているといえるのだ。

集中力を中断されることなく仕事を続ける秘策とは？

集中して仕事をしていたのに、来客や1本の電話のために集中力が途切れてしまったことはないだろうか。仕事はいったん中断されてしまうと、再びとりかかるまでは時間がかかるものだ。

そこで、どうしても手が離せないというときには、来客や電話を取り次いでもらわないように、周りの人にひと言お願いしておくなど、あらかじめ中断されないように根回しをしておきたい。

また、締め切りに間に合いそうにない仕事があると、1分1秒を惜しんで帰りの電車の中でもパソコンをたたき続けることもある。ところが、そういうときに限ってきりの悪いところで駅に着いてしまったりする。

こういう場合には自宅に帰ってから続きをやろうとせずに、ホームのベンチに座るか、駅の近くの喫茶店に駆け込むかして、そのまま区切りがいいところまでやりきってしまったほうがいい。そうしないと、駅から自宅までたどり着く間に集中力が途切れてしまうからだ。

それに、開いていたパソコンや資料をいったんカバンにしまって、それを自宅に着いてからもう一度取り出して準備を整えるというムダな時間も生じてしまう。

そこまでしてと思うかもしれないが、集中しているときの高いパフォーマンスは大事に使いたいものである。

まず見出しを作れば、長い文章もスイスイ書ける

文章の始めにつく見出しは、次から始まる内容を端的に示すものだ。だから、最初に見出しをつくっておくと、頭の中が整理できるというメリットがある。

もちろん書く内容が決まらなければ、見出しも決まらない。しかし、論文のような長い文章を書く場合は、見出し、つまり目次をすべて完成させてからでないと内容がダブってしまったり、読む人に疑問を残すことになりかねない。

全体の流れやバランスを調整するためにも、簡単に修正できる目次の段階で時間をかけてよく練っておくことが結果的に時短につながるのである。

ちなみに見出し1本に対しては、本文が500字前後と考えるのが基本だ。500文字前後の内容のネタをいくつ盛り込むかで全体の分量は決まっていく。

たとえ1万字の文章を書かなければならないとしても、５００字の〝塊〟が20個の集合体と考えればそれほど負担に感じないのではないだろうか。

その塊ひとつひとつに見出しをつければ、書きたいことを筋道を立てて過不足なく書けるようになるのだ。

インパクトのある見出しが決まれば、文章の半分はできたも同然。文章ができてしまってからの修正は、恐ろしく時間がかかることをお忘れなく。

「仕事の地図帳」を自分で作ろう！

パソコンで検索できる地域の周辺地図やドライブマップ、電車の路線図などを使って、自分だけの「仕事の地図帳」を作ってみよう。仕事上の行動半径を平面で確認してみると、今まで気づかなかった意外な位置関係が見えてくるのだ。

たとえば、得意先を30社抱えていて、毎日電車で3社以上出向かなければならないとしよう。

すべての得意先の最寄り駅を電車の路線図の上にマークしていくと、「A社とB社にには近いから同じ日に行くようにする」とか、「C社に立ち寄って直帰するときはいつもの地下鉄の駅よりも、ちょっと遠いけれど私鉄の駅まで歩いて行ったほうが早く着ける」などといったことが見えてくる。

また、日に一度は顔を出す取引先の周辺の生活情報を細かく書き込まれた地図などでチェックしてみると、時間をつぶせる場所や今まで知らなかった新しい飲食店の情報を得ることができたりする。

とにかく、自分の仕事上の活動範囲を地図の上で眺めてみることで〝土地勘〟をつければ、時間や距離の感覚がぐっと高まるのである。

2
「いい関係」をつくる時間の習慣

よりよい解決策を見出したいなら、二者択一の議論はやめる

二者択一の議論は延々と続くことが多い。その原因の多くは、どちらの側にもメリットとデメリットがあるのにもかかわらず、選択肢がたった2つしかないからだ。しかも、その内容が「やる」「やらない」とか、「A案か」「B案か」など両極端なケースがほとんどで、多数決をとっても僅差になってしまう。

このため、選ばれなかった側は大きな不満を残すことになる。ましてや、どちらか一方が折れないと、堂々巡りの議論が続くことになる。

こういうときは、二者択一の議論からいったん離れるのがいい。そして本来の目的を再確認し、目的達成のために最良の解決策がないかを再検討してみよう。そうすれば、議論にも早くピリオドを打つことができる。

仮に、あるイベントを「やるか」「やらないか」で意見が分かれていたとしたら、まず「なぜ、イベントをするのか」を問い直してみるといい。

たとえば「集客のため」に行うのであるなら、そもそもなぜ集客が落ちているのかという点に立ち戻って考えてみるのだ。

また、もしその原因に思い当たるフシがあるならイベントで集客をしなくても、別の方法で客寄せできないかというアイデアを出し合えばいいのである。

そして、複数のアイデアからベストアンサーを選んでいけば、多くの人が納得できる案が出るはずである。

キャパオーバーの仕事は、上手に断って次につなげる

仕事も恋愛と同じで、「都合のいい人」になってはいけない。なぜなら、どんな

仕事の依頼もふたつ返事で次から次へと引き受けていると、あっという間に自分のキャパシティを超えてしまい、結局、すべてが中途半端になってしまうからだ。

手元にある仕事を優先順位の高いものから順に片づけていったとしても、そもそも仕事の絶対量が多ければ物理的にこなせなくなり、しまいには、「いくらやっても終わらない」という悪循環に陥ってしまう。これでは、無用な仕事を延々としているようなものだ。当然、自分に対する周囲の評価も低くなってしまう。

そこで、あらためて手持ちの仕事を見直して、今すぐにやる必要のない仕事がないかをチェックするのである。それでも、あまりに仕事量が多いときには思い切って断る勇気を持つことも大事である。

もちろん、依頼された仕事に対して「できません」と即答するのは得策ではない。こんなときは、「今はできませんが、○日からであれば取りかかれます」とか、「では、○○の案件をペンディング（保留）にしてこちらを優先させるということでよろしいですか？」などと譲歩したり、代替案を出したりするのが上手な断り方であり、これならば次につながりやすい。

いったん断ると相手に対する心証がよくないとか、もう仕事を頼まれないのではないか、と心配する人もいるだろう。だが、できないものはできないとはっきりと断ってしまうほうが、逆に「スケジュール管理ができる人だ」と評価されるのだ。

「ファシリテーター」がいれば、会議はスムーズに進行する

オフィスでの会議はいつもスピーディーでムダがないのが理想だが、どうしてもだらだらと非効率的になりがちなのが現実だ。そこで、できるだけ理想に近づけるためには、自ら「ファシリテーター」の役割を果たせばいい。

打ち合わせや会議には、議事の進行をスムーズにするための議長やリーダー、書記などの役割分担がある。だが、彼らはいわば表の役割である。その彼らが円滑に議事を進めるのに欠かせないのが、ファシリテーターといわれる舵取り役である。

ファシリテーターはあくまで参加者の1人にすぎない。だが、ふつうの参加者と

決定的に違うのは、会議の参加者が積極的に発言できるようなフォローをして、話の内容が脱線しないように会議を牽引していく役割を担うことだ。

優れたファシリテーターに必要な資質は大まかにいって、「聞き上手」「話の整理がうまい」「次につながる意見を言う」ということだ。参加者の1人として、会議が活発になるような発言をして、常に軌道修正を心掛け、たとえ結論が出ないことがあっても次回につながるリードをして落とし所を見出すのだ。

ファシリテーターが能力を十分発揮できれば、会議の時間はぐっと短縮できて、充実した内容になるはずだ。

「クライアント」とみなせば、苦手な仲間ともつきあえる

学生時代であれば、気の合う仲間だけと一緒にいられたが、社会人ともなればそ

うもいかない。

「どうしても虫が好かない」とか「あまりかかわりたくない」などと思う相手は、どこの職場にもいるものである。

嫌いな人間とうまくやろうと思っても、やはりなかなかうまくいかないものだ。それどころか、歯車がかみ合わずにかえって苦手意識が高まることさえある。これでは悪循環になってしまうのがオチだ。

そんなときは、苦手な上司や同僚を「クライアント」と考えるようにしよう。相手がクライアントならば、少々の無理やわがままは当たり前だと思えるからだ。

また、たとえ嫌いな人物であっても、相手がクライアントだという意識が働けば腹が立つこともなくなるはずだ。

嫌いな相手とうまくやろう、というムダな努力をするよりも、対クライアントとして対策を立てるほうが具体的だし、そのぶん時間も有効に使える。何も無理に相手を好きになる必要はまったくない。

要は相手とうまくつき合って、仕事が効率よく進んで成果を上げられたら、それで十分なのである。

打ち合わせには「会議」より「コマ切れの立ち話」が有効

日ごろから厳しい練習で肉体と精神を鍛え上げているプロスポーツ選手でさえ、試合が長引けばしだいに集中力は途切れていくものだ。ましてやふつうの人の集中力は、そんなに長く続くものではない。

ビジネスシーンでも会議や打ち合わせの時間があまりに長いと、参加者の集中力が途切れて話が散漫になってくる。つまり集中力という観点から考えると、長時間の会議を1回行うよりも短時間の打ち合わせを繰り返すほうが効率はいいのである。

そこで、1回の打ち合わせは短時間ですませるようにするといい。話し足りなかったら、またあとで短時間の話し合いを個別に持つようにするのだ。

短時間なら高い集中力を保てるし、1回1回の打ち合わせの間にさらに考えをまとめることができるので、いっそう効率がよくなる。

それならば、いちいちかしこまって会議室を利用するよりも、廊下ですれ違ったときやエレベーターの中、タクシーでの移動中などに行うほうが気軽に打ち合わせができるだろう。移動中や歩きながら話をすれば、構えることなく相手とスムーズにコミュニケーションをとれることも多い。

いつでもどこでも、打ち合わせができる体制をとっておく。ひいてはそれでお互いの意思疎通がよくなって、仕事が円滑に進む職場をつくり上げるのである。

大切な相手との打ち合わせは、いつどこで行うべき？

ランチタイムを利用して行う打ち合わせや会議のことをパワーランチというが、この〝会議〟はビジネスの世界では常識となっている。

もともとはアメリカのシリコンバレーなどで行われていた打ち合わせスタイルだが、これは時間を節約したいビジネスパーソンにピッタリである。

ランチタイムは1時間程度と決まっている会社が多い。つまり、出席者はお互いに時間が限られているので、おのずと効率が上がる。しかも食事をとりながら打ち合わせをすることで、緊張がほぐれて、打ち解けたムードで話を進めることができるのだ。

そこで、店を選ぶなら狭い店は避けたほうがいい。テーブルや椅子がある程度ゆったりとして、相手と適度な距離が保てる店を選ぶべきだ。メニューの種類が豊富で、多くの人の好みに対応できたらベターだ。

また、時間設定も重要な要素だ。ランチタイムは限られているうえ、当然店内も混み合う。あらかじめ予約を入れておくのが得策だ。

ある程度の役職に就いている人同士なら時間の融通も利く。ランチタイムの前後30分くらいにずらした時間設定にすれば、店が混雑することもなく、余裕を持った打ち合わせにすることもできる。

飲食を共にするのは、相手と親しくなる早道だ。店の選び方や段取りのよさで好感を持たれたら、そのパワーランチは成功だといえるのである。

会話の中の「私は」を減らせばスムーズに意思疎通できる

話好きな人は、誰かと話していても「私は、私は」と、つい自分のことばかり話してしまいがちだ。自分の得意な話題というのは、話していて気持ちのいいもので、必要以上に他人に話したくなるものだ。

親しい友人や家族との日常会話であればそれでいいだろう。しかし、ビジネスシーンにおける情報交換としての会話においては、失格である。

なぜなら、相手を満足させて価値ある情報を引き出せるかどうかは、いかに相手に語ってもらえるかどうかにかかっているからだ。相手が饒舌になればなるほど満足度が高くなり、よりよいコミュニケーションをとれることになる。

もし、相手がなかなか話に乗ってこないと感じたら、まず「問いかけ」から始めてみよう。たとえば「あなたはどう思いますか？」と投げかければ、自然に相手の言葉を引き出すことができる。相手の考えを少しでも聞くことができれば、会話のきっかけを見つけやすくなるのだ。

もっと簡単な方法は、相手に関する話題を取り上げることだ。最初は服装や髪形、持ち物など、相手を褒められることなら何でもいい。褒められて悪い気がする人はいないし、まずは相手を褒めて会話が弾めば、次の話題も意識することなく生まれてくるはずだ。

伝わるトークの極意は、〝3分〟に要点を盛り込むこと

とりとめもなく続く話というのは誰だって聞いていられないものだ。ふんふんと

相槌を打っていても、すぐに忘れてしまったりすることが多い。

わかりにくい保険の話などがいい例だが、営業マンが必要なことを漏れなく盛り込もうとして細かく説明しようとすればするほど、聞くほうとしては聞くのが面倒になるのだ。

そもそも人は、短時間で簡単に理解できる話に興味を示すものなのである。それを証明するように「人が本当に集中して話を聞けるのは3分程度」という説がある。だから5分もすると集中力が途切れてしまい、10分を過ぎれば完全に拒否モードになるのだ。

その点、営業トークやプレゼンテーションなどは、まさに3分勝負といっても過言ではない。話は短く、シンプルにしたほうがいいのである。

ただ、話を短くシンプルにするには、話の「幹」を明確にすることが肝心だ。

たとえば、今期の方針を説明するなら「市場の動きに敏感に反応し、社員一丸となって来期には黒字転換へ」などと前置きするのではなく、単刀直入に「仕入れのコストダウンを徹底する」と言い切ったほうがいい。

それがあって初めてコストダウンが可能で、いつごろ黒字に転換できるという目安がつくのである。

ＣＭや広告は「短くシンプルに」のお手本だ。たった数秒のＣＭや1行のコピーが、長たらしい説明よりも雄弁に商品の魅力を語ることもある。心に残る短い言葉を見つけることが、うまい話し方のコツといえるのである。

つい長くなりがちな電話を手短に済ませるテクニックとは？

メールだけでは伝えられないニュアンスを電話でフォローしておくことは、相手との信頼関係を築くうえで重要なことだ。

とくに、納期が短い仕事を頼むときや、こちらの都合で日程を変更してもらうようなことを伝えるときは、メールだけで済ませようとすると相手に冷たい印象を与えてしまいかねない。

ところが電話で伝えようとすると、「じつはですね…」などとつい前置きが長くなってしまい、気がつくと10分も15分も話をしてしまうことがある。こうした長電話は仕事を滞らせる原因になるので、くれぐれも注意したいところだ。

そこで、「1回の電話で話す時間は3分まで」と自分でルールを決めておくようにしよう。とくに、一度話し始めるとつい夢中になってしまう人は、このルールを紙に書いて電話の近くに貼っておいてもいいだろう。

もちろん、簡潔に話を終わらせるためには、話す内容や順番をあらかじめメモしておいたり、頭の中で整理しておくことが重要であるのはいうまでもない。

そうはいっても、いくらこちらが注意していても、相手が話好きでなかなか電話を切らせてくれないというケースもよくある。

そういう場合は「このあと来客があるので、今日は○○の用件だけで失礼します」とか、「詳しいことはこの後、メールでお送りしますので」などと、冒頭で自分から〝宣言〟しておくといい。

こうすれば相手の機嫌を損ねることなく長電話を回避できるはずだ。

わかりやすく話すには、ポイントを3つに絞って結論から話す

ビジネスパーソンにとって、明確かつ簡潔に自分の言いたいことを伝えることは重要なスキルの1つである。たとえどんなに大切な話をしていたとしても、その内容が相手に伝わらなければ意味がないからだ。

そうはいっても、込み入った内容を相手にわかりやすく伝えるのはなかなか難しい。あまりにたくさんのことを一度に伝えようとしても、相手の記憶に残らないからだ。

そこで、まずは話のポイントを3つに絞ることから始めよう。

「話の要点は3つです。まずひとつめは…」というように、相手が見通しを持って話を聞けるような話し方をするのだ。

そのためには、自分の考えを要領よくまとめる必要があり、それが結果的には話

の内容を整理するのに役立つことになる。相手にわかりやすく伝えるには、自分がまずよく理解しなければならないのだ。

ちなみに、話の冒頭に結論を示すと格段に聞きやすくなる。複雑な話になりそうなら、結論と一緒に概要を話してから説明に入ってもいいだろう。

要点もわからず終わりの見えない話ほど聞いていて苦痛なものはない。意識したいのは、いかに相手が聞きやすく、納得しやすい話し方をするかだ。

相手の集中力を切らさないように、「要点は絞って、話は短く」を徹底しよう。

相手に合わせた伝え方を選んで軌道修正のリスクを減らす

人にはそれぞれ得意分野と不得意分野がある。だからチームで仕事をするときなどは、メンバーそれぞれが十分に能力を発揮するようにできれば仕事の能率やクオリティもアップするはずだ。

とくに専門性が高い職業、たとえばカメラマンやデザイナー、コピーライターなどと仕事をするときは、プロジェクトの目的や方向性をうまく伝えなければならない。

それには、それぞれに合った方法で伝えることが必要だ。カメラマンなら絵コンテ、デザイナーならラフスケッチ、コピーライターならイラストや写真などを使って説明するというように、より相手に伝わりやすい方法を選びたい。

言葉だけであれこれ伝えようとするよりも、このほうが企画の真意をしっかりと伝えられるはずだ。

もちろん、この方法が有効なのはアートやデザインなどに関わる専門分野の相手だけに限らない。

スタッフ1人ひとりをよく見極めて相手に伝わりやすい方法で伝えることは、一見手間がかかるようでも、あとから考えれば軌道修正のリスクが減り、スムーズに結果を出せることになるのだ。

相手からすぐに返信をもらうためのメールのウラ技とは？

ビジネスシーンにおいて、電子メールはもはやなくてはならない存在だ。忙しい人になると1日に処理するメールの件数は軽く100件を超えてしまうこともざらである。

そんな多忙な人に至急返信をしてもらいたいという旨のメールを送ったとしても、なかなか返事が来ないことがある。急いで送ったはずのメールが大量のメールの中に埋もれてしまって、目を通してもらえていない場合があるからだ。

だからといって、相手がクライアントや上司ともなれば「大至急確認してほしい」と催促するような電話もかけづらい。そこで、1回目のメールを送るときは相手の目に触れやすいような工夫が必要だ。

まず注意したいのが件名だ。ただ「お世話になっております」のような抽象的な書き方では読み飛ばされてしまう率は高くなる。かといって「○○様、至急ご確認ください」というタイトルをつけるのは、ややぶしつけな感じがする。

それよりも、「1月31日（月）のお打ち合わせの内容について」と具体的に日付と用件を書いたり、「【出欠確認】○○さん歓迎会の件」などとメールの内容をひと目で把握できるようにしておくといい。

また、メールの本文は長さを意識したい。挨拶や前置きが長すぎて、画面をスクロールさせなくては本題が出てこないようでは送る側も受け取る側も時間のムダだ。

とくに最近はスマホの小さな画面でメールをチェックする人も多いので、スクロールの必要がない短文にまとめられたメールがベストなのである。

3

「整理と片付け」がサクサク進む時間の習慣

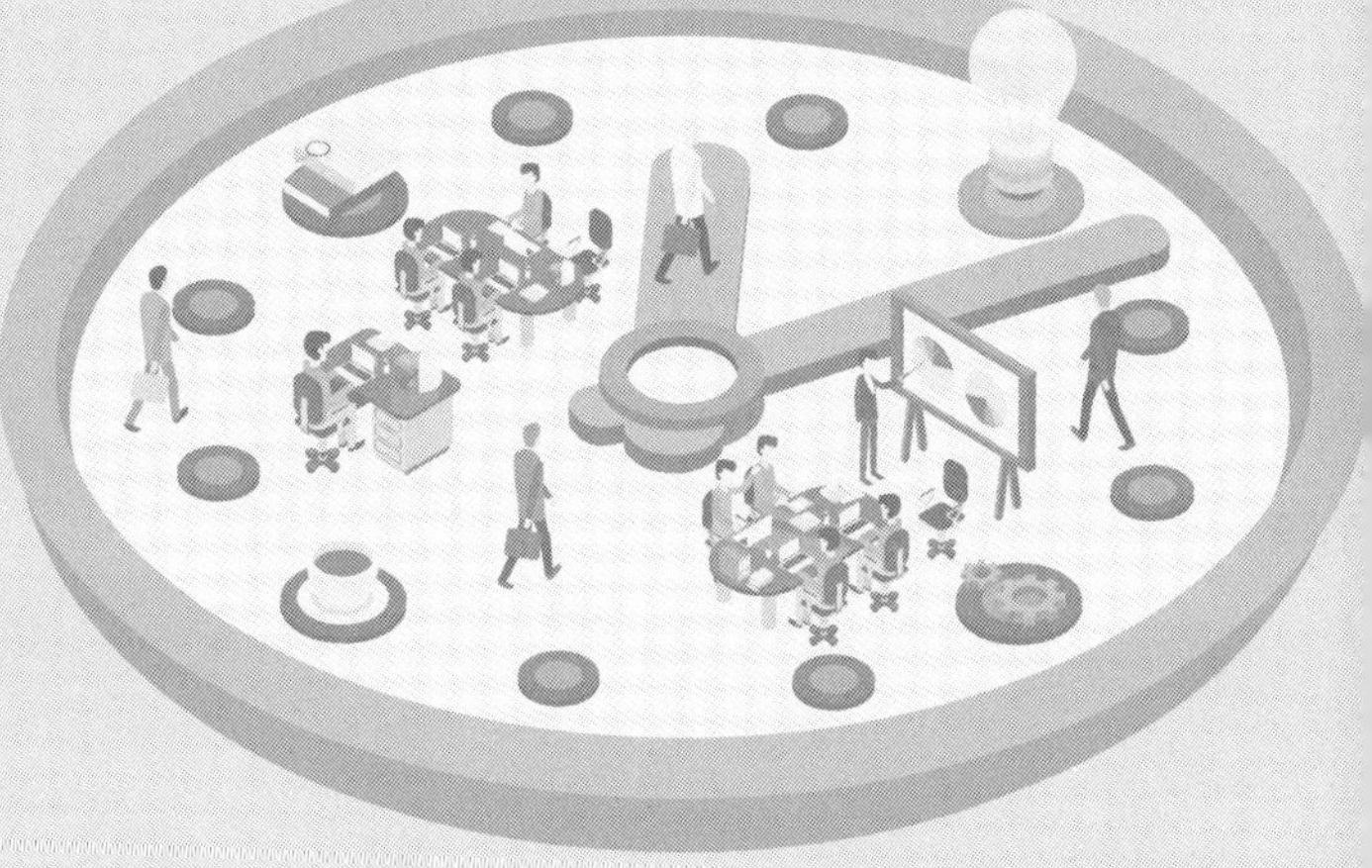

机の上に広げる案件は1つに絞って書類の紛失・混同を防ぐ

社員の座席を毎日くじ引きで決める会社がある。社員は出社すると自分の今日の席を確認し、端末と資料を持ってそこで仕事を開始する。そして、終業時には荷物をまとめて再びロッカーへしまって退社するという。

席をくじで決めるのは社員同士のコミュニケーションの活性化のためということだが、こうなるとデスクに資料を山積みにしたり、広げっぱなしにするようなことも自然となくなる。そういう意味では仕事の効率化にもつながっているといっていいだろう。

たいていの人は、デスクの上で〝迷子の資料探し〟を経験したことがあるはずだ。いくつも散らばった資料の中から、目的の書類が見つからずひたすら探すことに時間を費やすことほど時間のムダはない。

探している間に片づく案件だってあるし、アポイントのひとつもとれるかもしれないのだ。

これを防ぐには「デスクの上には1案件以上の資料を広げない」というマイ・ルールを決めることだ。

1つの案件しか広げないと決めていれば、紛失や混同は最小限に抑えられる。そして、その作業が終了したら、クリアファイルなどにひとまとめにして引き出しなどにしまい、それから次の案件の資料を広げるのである。

すぐにまた使う場合でも、出しっぱなしにするとたちまちデスクが散らかってしまうので、面倒でもその都度しまうことが重要なのだ。

整理整頓の能力のなさを自覚している人でも、たったこれだけで迷子の資料探しをする時間が削れるはずだ。

机の上の作業スペースが広がれば、仕事の効率もその分アップするのでぜひ試してみてほしい。

書類を受け取るトレーの設置で、もう作業を中断されない

長時間の会議などで席をはずしていて、戻ってみたらデスクの上にメモや書類がいっぱいになっていた、というケースはよくある。社員それぞれが思い思いの場所に置いていくため、着席したときにはまずデスクの上の整理から始めなくてはならなくなる。

そこで発想の転換をしてみよう。その整理整頓の作業を〝ほかの人〟にやってもらえばいいのである。

方法はいたって簡単で、デスクに電話用のメモや書類を仕分けするトレーを設置するだけだ。まず、デスクの上にＡ４が入る３段くらいのトレーを置き、１段目を電話のメモ、２段目を急ぎの書類、３段を急ぎでない書類と分類してわかりやすく表記しておくのだ。そして、このトレーに仕分けして入れてもらうようにする。

あとは席に戻ったときにトレーの中身をざっと確認して、自分で選別すればいい。この方法のいいところは、自席で仕事をしていながら手を放せないときにも活用できる点だ。最初から部署内でコンセンサスを取りつけておけば、電話中や作業中でもトレーに入れておいてもらうことができ、いちいち作業の手を止めなくてすむ。

また、これを部署内のルールとして徹底しておけば間違いなく仕事の効率が上がる。部署全体の今からすぐできる時短案として提案してみてはいかがだろうか。

カバンの中の整理整頓でビジネスチャンスが舞い込む

バッグインバッグという商品をご存じだろうか。

これは、名前のとおりバッグの中に入れるバッグで、ポケットのたくさんついたポーチのようなものだ。

その日のファッションに合わせてバッグを頻繁に変える女性を中心に人気が出たが、今ではビジネス用もたくさん売られている。

とくに、ビジネスバッグのように大きなカバンになると、ボールペンや名刺入れなどがカバンの中で迷子になったりする。必要なときに必要なものがサッと取り出せないのは時間がもったいないのと同時に、あらゆるシチュエーションでチャンスを逃すことにもつながる。

パッと思いついたアイデアを書き留めようとしてペンを探しているうちに忘れてしまったり、また、あるはずの名刺入れが出てこずに気まずい思いをしたりと、場合によっては信用にもかかわるので要注意だ。

こうならないためにも、日ごろからバッグのどこに何を入れるか、できるだけ定位置を決めておくことだ。

たとえば外のポケットには手帳、内側の取り出し口に近いところには名刺入れ、右のミニポケットにはボールペン、左には自宅のカギ…というように固定させるのである。

これなら取引先の目の前でゴソゴソと名刺入れを探す必要もないし、暗闇の玄関前でカギを探すこともない。

大事なのは「カバンのどこに何があるかをきちんと把握する」こと。これが時間のムダ遣い防止にもつながるのである。

デスクの利便性がアップする物の置き場所のルールとは?

「整頓能力と利き手はおおいに関係ある」といえば大げさに聞こえるかもしれないが、けっして無関係ではない。たとえば右利きの人の場合、デスクの電話はどちら側にあったほうが便利だろうか。

仕事の電話となれば、通話をしながらメモをとる可能性はかなり高い。ということは、電話が右側にあった場合、まず右手で受話器を取り、それから受話器を左手に持ち替える必要があるので不都合だ。したがって、右利きの人のデスクでは電話を左側に置くと効率がいいということなのである。

利き手と整頓する能力の関係とはまさにこのことだ。右利きの人がペン立てを左側に設置したら、わざわざ体を斜めにして取らなくてはならなくなる。

しかも、これだとしまうのにも都合が悪い。都合が悪いとどうなるかといえば、元の位置に戻すのが面倒になる↓そのままデスクに放置する↓デスクの上が乱雑になる↓ペンを探す↓時間のロス、という悪循環に陥ってしまう。

とはいえ、すべてが都合よく配置できるとは限らないので、次に使用頻度を考えてみるといい。よく使うものと、めったに使わないものに分けて置き、場所を決めていくのだ。

たとえば、ふだん使うことのない過去の資料などは、この際、取り出しやすさは無視して引き出しの一番奥に入れておく。逆に、よく使うテープカッターなどは利き手側に置くといった具合だ。

こんなふうにデスクまわりを整頓していくと、使いやすくしまいやすい自分仕様のデスクが完成する。ただ、何となくモノを置くことをやめるだけで、仕事はもっとスムーズにこなせるはずだ。

短時間で部屋を片づけたいときに役立つ、整理整頓のコツは？

平日は自宅に帰ってもほとんど寝るだけという生活でも、1週間放っておくと部屋の中はいつの間にか乱雑な状態になってしまうものだ。

買ってきたものが袋ごと床や棚に置かれたままで、部屋干しの洗濯物がぶら下がり、今にも崩れ落ちそうな古新聞や雑誌の山があちこちにできてしまう。休日にゆっくりと部屋で過ごしたいと思っても、これではとてもそんな気持ちになれない。

しかも、部屋がそういう状態のときに限って彼女が遊びに来ることになったりして、大急ぎで片づけなくてはならなくなったりする。

そんなときに手っ取り早く部屋をスッキリと見せられるのが時短整頓法だ。

これは、とにかく同じ大きさのものをどんどん重ねていくという整理法で、本や新聞は大きさを合わせて重ね、棚や床に転がっているこまごましたものはとりあえず靴が入っていた箱などに入れて部屋の隅などに重ねておく。洗濯物は紙袋などに入れて、靴箱の横に並べておけばいい。

こうして同じ大きさのものを積み重ねて部屋の一角に並べると、驚くほど短時間で部屋の中がスッキリとする。あとは、一気に掃除機をかければ完成だ。

また、積み重ねたものの上に目立たない色の布でもかけておけば、部屋の印象はかなりよくなる。部屋の状態にもよるが、20分も集中してやれば部屋はとりあえず片づけることができるのだ。

書類の保存・廃棄がひと目でわかる！業務別ファイルボックス

やりかけの仕事と終わった仕事は、2つの箱に分けて保管するようにするのは、デスクをカオス状態にしないための鉄則だ。

そしてこの選別ができるようになったら、今度はその終わったほうの仕事の資料を「保管するもの」と「捨ててもいいもの」とに分けて別々の箱に選別するのだ。

こうしておけば、「捨ててもいいもの」の書類を破棄する前に、もう一度「本当に捨ててもいいかどうか」を確認できるようになる。

また、保管するつもりでいた資料も一度自分の目で確認してから保存するようになるので、必要のない余計な資料をこの時点で整理できるのだ。

使い終わった資料が本当に必要なものかどうかをより慎重に検討できるわけだ。

特集

最短の時間でベストの結論を出す方法 1

思考力・直感力編

「仮説をたてる力」であなたが手にできる2つのスキル

目指すべき「着地点」はどこにある?

小説家や漫画家など創作活動をする人の中には、物語を結末から考えるという人が少なくない。

あの世界的大ヒットとなった『ハリー・ポッター』シリーズは、最初にラストシーンの状況やセリフがひらめき、そこにたどり着くための設定や展開を考えて、最終的に1つの物語に仕上げたそうである。

私たちの仕事や生活の中でも、このように結末を想定してから行動したほうがいいことは意外とある。

「最終的にどうなるか」という仮説をたてて行動する、この「仮説力」ともいうべき思考能力は、おおいに役立つのだ。

そのメリットは大きく2つあるが、決定的に違ってくるのは「仕事の効率」である。

まず、今まさに手をつけようとしている仕事に対し、何らかの答え（結果、成果、成績など）を想定して逆算すれば、何にどう取り組まなければならないかが見えてくるのだ。

そこには非効率な作業は生まれないし、余計な労力も入ってこない。なぜなら、どこに向かって進めばいいかという答えがすでに出ているからだ。目指すべき着地点が決まっているというだけで、思考は無意識に最短経路をたどるようになるのである。

また、仮説力がつくと情報に対する取捨選択能力も身につくのがもう1つのメリットだ。情報収集はビジネスマンにとって大事だが、本来、真に必要な情報というのはそれほど多くないものである。

情報量が多いとその分迷いが生じて非効率になりやすいが、要・不要の見極めができれば情報に惑わされることもなくなる。この判断が重要なのである。

「仮説力」があると…

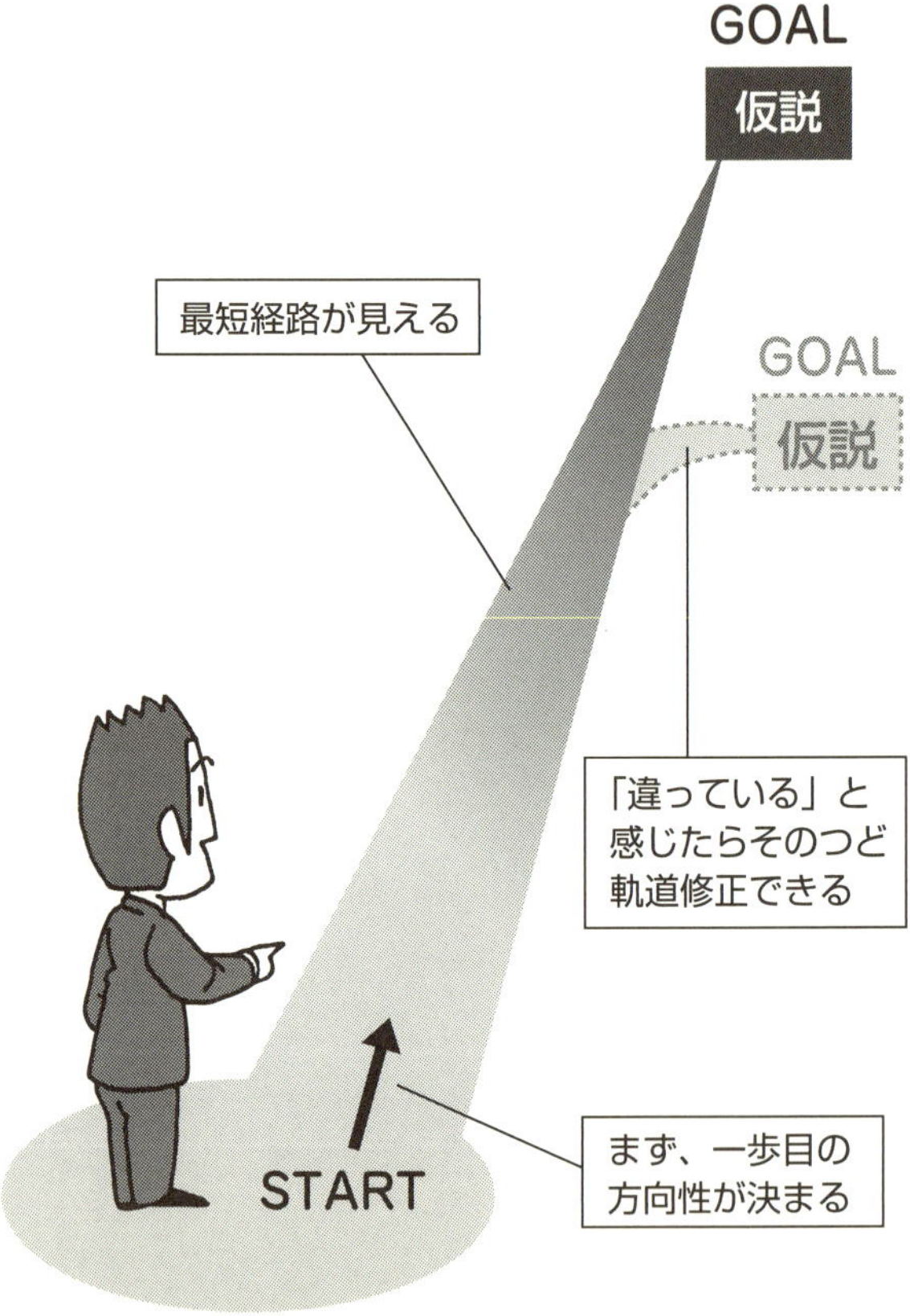
GOAL
仮説
最短経路が見える
GOAL
仮説
「違っている」と
感じたらそのつど
軌道修正できる
まず、一歩目の
方向性が決まる
START

もしも「仮説力」がなかったら…

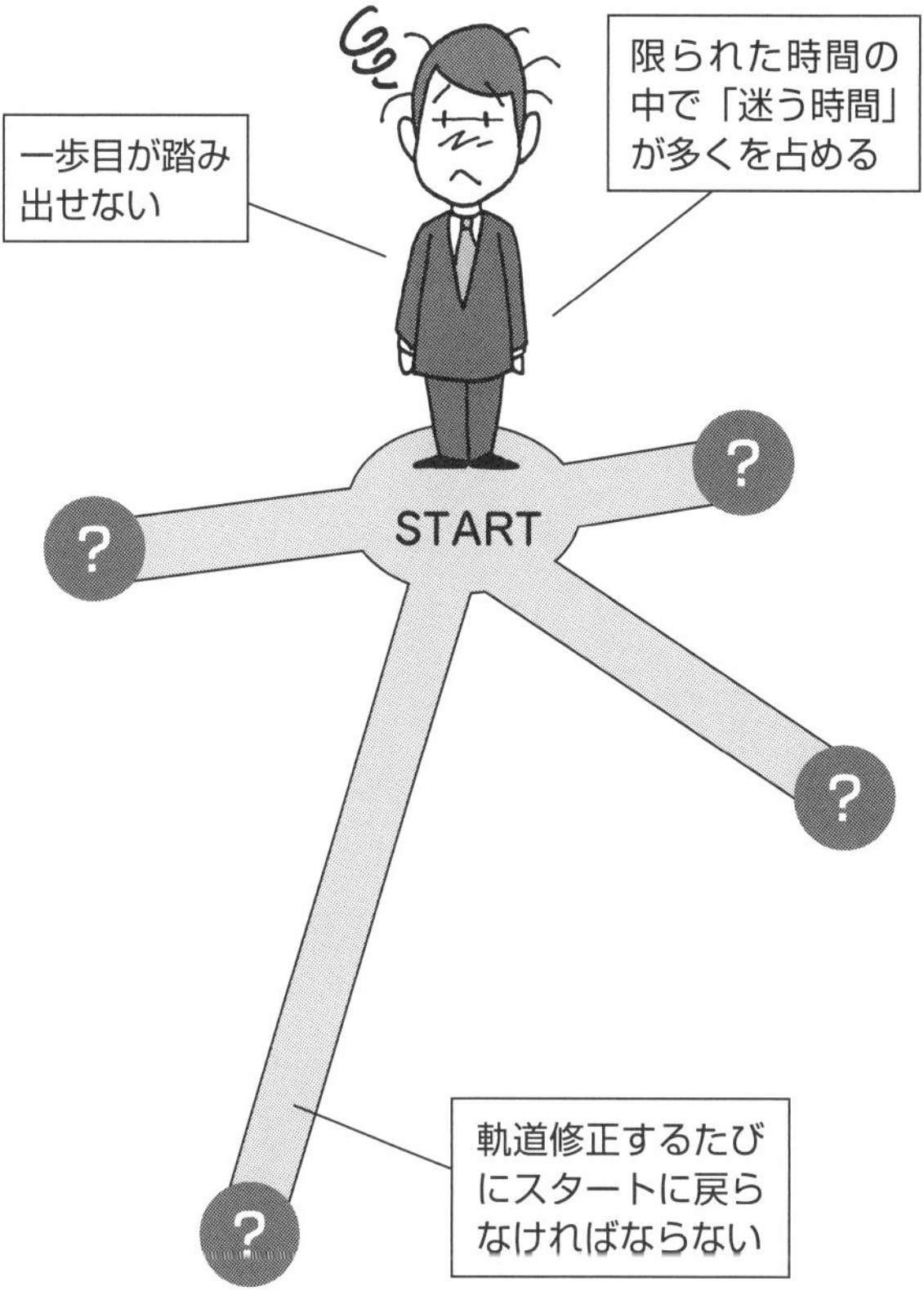

結論を急がず、新たな仮説で軌道修正を怖れない

1つ覚えておきたいのは、仮説の答えは必ずしも合っていなくてもいいし、途中で変更してもいいということだ。

最初に立てる仮説はあくまで「自分なりの考え」でしかない。しかし、状況は刻々と変わっていくものだし、その仕事に関わってくる人の心理までは読みきれない。だからこそその「仮説」なわけで、雲行きが変わってきたら、そのときの状況でいったん修正をかける。時には新たな仮説を立てる必要もあるだろう。

いずれにしても、すぐに結論を出すことはない。重要なのは最初から正解を導き出すことではなく、正解にたどりつくための道筋を立てることなのだ。

暗中模索のままで格闘するのも悪くはないが、期限が定められたなかで結果を出さねばならないビジネスにおいては、やはりめざすゴールが見えているほうがトラブルも少ない。

仮説力を磨くと、いやでも大局的に問題をとらえるようになる。それだけで仕事は驚くほどスムーズにこなせるのである。

Logic & Intuition

「ムダな思考」をムダなままで終わらせない技術

■「非効率＝ムダ」と切り捨てては、もったいない

発想の転換が必要なときには、今までムダだと切り捨てていたことをあえてやってみるといい。たとえば、東京から名古屋へ行くときには迷わず新幹線に乗るだろう。しかし、ここであえて新幹線ではなく鈍行列車を利用してみるのである。

社会人に求められるのは、たいていが特急的思考（＝効率）なので、その反対側にある鈍行的思考（＝非効率）は「ムダ」だと切り捨てられることが多い。

しかし、鈍行列車に乗ることで見ることができる景色やそこに流れる時間は、乗ってみなければわからない。

そういう意味では、鈍行的思考に基づく行動にも意味はあるのだ。

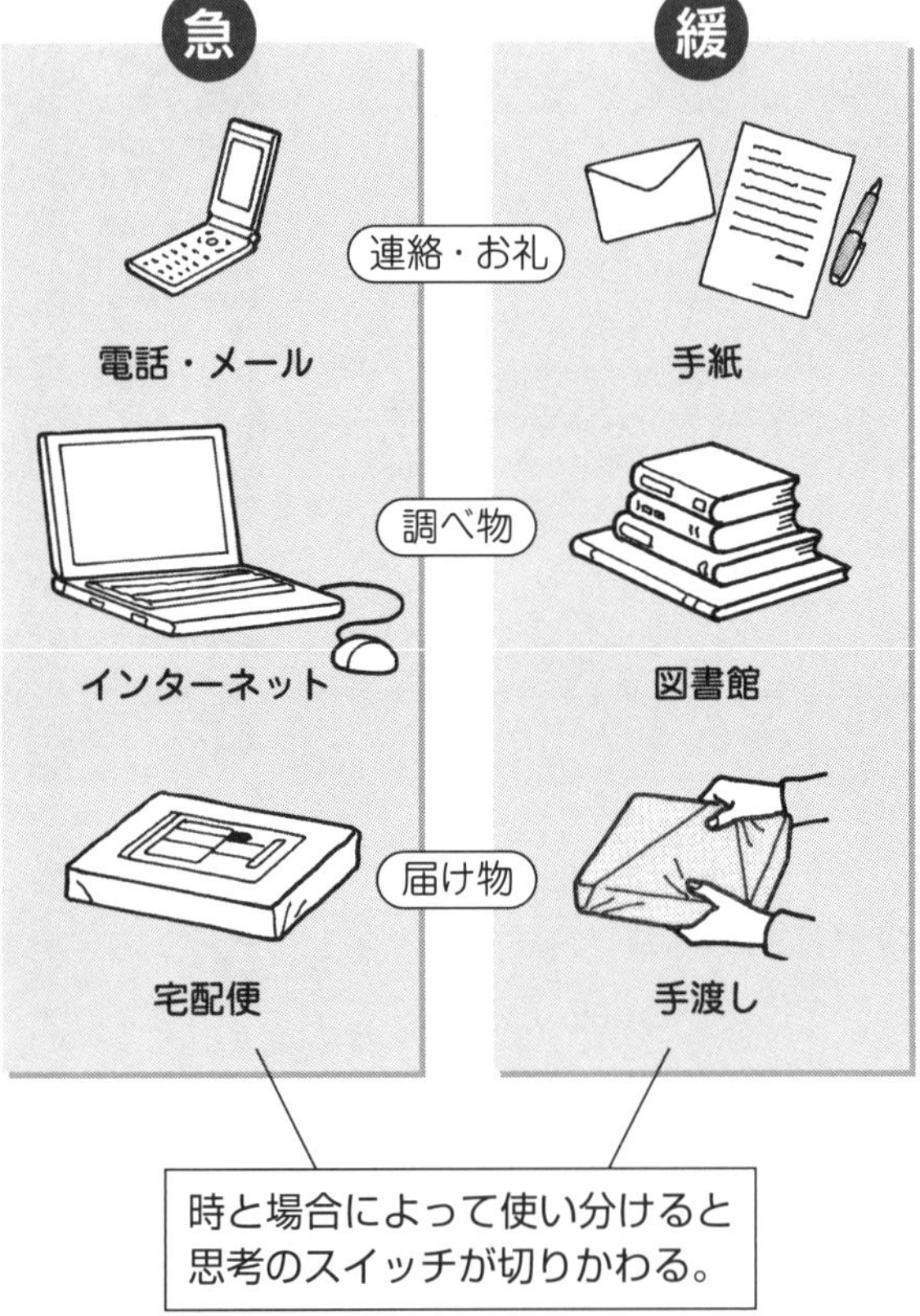
急
緩
連絡・お礼
電話・メール
手紙
調べ物
インターネット
図書館
届け物
宅配便
手渡し
時と場合によって使い分けると
思考のスイッチが切りかわる。

Logic & Intuition

アタマのいい人は「視点の定め方」を知っている！

まずは構想を練り上げ、実践方法を考え抜く

小説や物語には起承転結がつきものだ。この流れがしっかりしていると、展開がすんなりと飲み込めるし、読後感もいい。じつは仕事に取り組むときにも、似たような方法で思考を組み立てることが大切である。

たとえば、1カ月後にはある程度の成果を出さなければならないようなプロジェクトがあったとする。最初の1週間を序盤、月の半分くらいまでを中盤とすると、この序盤～中盤までに考えなくてはならないのは全体の構想だ。まずは全体の見通しを立て、それに基づいた構想を練るのである。

そして、このときに忘れてはならないのが「優先順位」と、その「実践方法」だ。

まず優先順位の決定だが、これはどんな場面においても限られた時間の中で仕事をするためには必要不可欠な要素である。

また、実践方法とはプロジェクトが計画倒れにならないためのいわば行動マニュアルだ。これについては「思考の裏づけ」に基づいて確立されるのが理想である。

■成果を追い続けると落としどころを見失う

中盤を過ぎたら考え出さなくてはならないのが、最終的な落としどころである。

成果を求めるあまり「もう少し、もう少し」と追い続けていると、あっという間にリミットがきてしまい、最終段階になってもプロジェクト自体がまとまらない恐れがある。

こういうときには状況を的確に判断し、いくつかの成果のパターンを想定しておくといい。うまくいった場合はもちろん、うまくいかなかった場合でも、ある程度の結果を残すことが重要なのだ。

こうした思考を導くには、全体を見渡しながら考える「俯瞰的な視野」が必要になってくる。物語の起承転結のように、その展開に合わせた判断が大事というわけだ。

絵の描き方からも学べる「視点の定め方」

❶ 全体の構想を立てる

❷ 各所に必要な肉づけを行う

❸ 細部を修正してフィニッシュ

できるビジネスマンが使う「フェルミ推定」のロジックとは?

たった1つの質問であなたの今の思考力が丸見えに

「日本全国にそば屋は何軒くらいあるだろうか?」

あなたが本職のそば屋だったとしても、こんなことを急に聞かれてもすぐに答えなど思いつくものでもないだろう。ところが、外資系企業の採用面接試験では、この手の難解な質問に対して短時間で回答を求められることがある。

面接官はけっして志望者をやりこめようとしているわけではない。こういった難問を通じて相手の「論理的思考力」をみているのである。ここで重要なのはどのように考えてその答えにたどりついたかということなのだ。

そこで、こんな問いに対して有効な「フェルミ推定」という方法を身につけて一流の思考力を手に入れておこう。

自分の頭で考えるプロセスとは？

フェルミ推定とは、現実には調査することが難しいような問題を、自分が知っている情報や、そこから推定される事象を手がかりとして論理的に推論し、最終的に求められている答えを概算する思考法だ。

それでは、前述の「日本にそば屋は何軒くらいあるだろうか」という問題を、このフェルミ推定を用いて考えてみよう。

まずは、「自分が住んでいる街には10平方キロメートル当たり３軒のそば屋がある」という情報から考え始める。さらに西日本と東日本の地域差を考慮しつつ、日本の市街地の面積も推定したうえで、そば屋の数値を当てはめる。

すると、さしあたっての概算値がはじき出されるのだ。

この思考術は、訓練すれば誰でもすぐに使えるようになる。面接に限らず、仕事においても「そんなことはわかるわけがない…」というような難問にも立ち向かわなければならないこともある。そんなときのためにも身につけておきたいものだ。

フェルミ推定

＝

頭の中にある情報だけで数値を推定する。

・わが家がある街には、10 ㎞^{2} に 3 軒のそば家がある【情報】
・西日本より東日本の方がそば屋が多い【推論】
・日本の国土面積は約38万㎞^{2}、そのうち森林面積は約７割【データ】

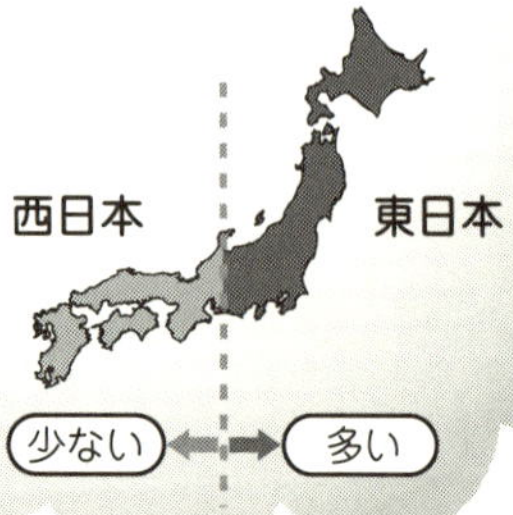

国土面積 38万㎞^{2}	×	森林の割合 ７割

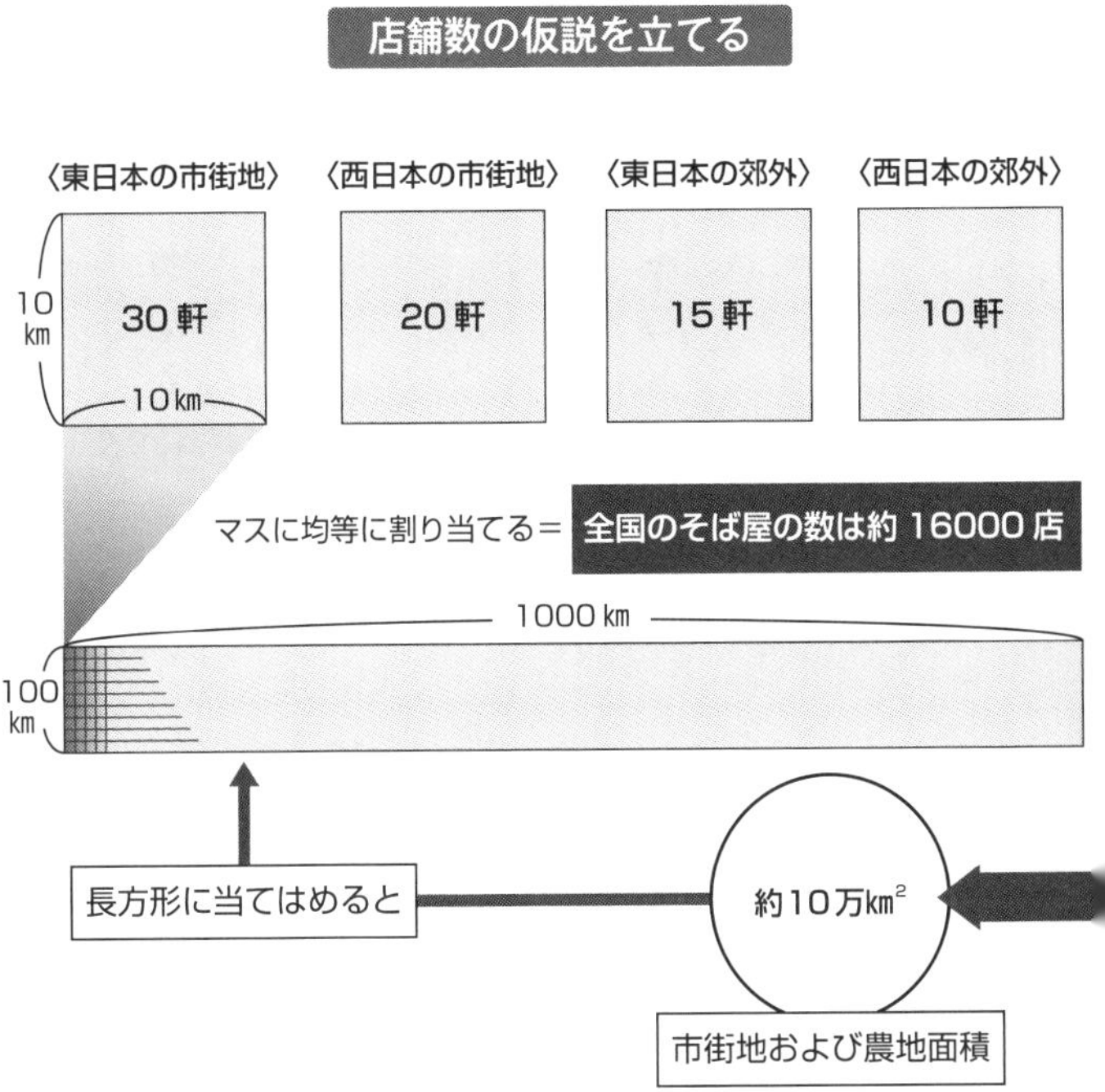
店舗数の仮説を立てる
〈東日本の市街地〉
〈西日本の市街地〉
〈東日本の郊外〉
〈西日本の郊外〉
10 km
30 軒
10 km
20 軒
15 軒
10 軒
マスに均等に割り当てる＝
全国のそば屋の数は約 16000 店
1000 km
100 km
長方形に当てはめると
約10万km²
市街地および農地面積

〝鳥の目〟で物事をとらえる「俯瞰的思考」のススメ

自分も含めた全体像を鳥の目線でとらえてみよう

「木を見て森を見ず」というが、これは日本特有の表現ではなく、ヨーロッパをはじめ多くの国で「木」と「森」で喩える同様の言葉が存在している。

目先のことにとらわれ過ぎて全体像が見えないという、この手の悩みはどうやら世界共通のようだ。そんな、近視眼的な見方をしてしまうという人には「俯瞰的思考」を鍛えることをおすすめしたい。俯瞰的思考とは、モノの見方をいつもの目線よりずっと高い場所に持っていき、自分も含めて問題の全体像を見渡すことである。

通常のポジションでは目の前にある木しか見えないが、上空から鳥のように眺めれば、自ずと森全体が見えるというわけだ。

いったん距離を置き、あえて引くスタンスを保つ

物事がすんなりといかないとき、その原因は必ずどこかに潜んでいるものだ。

俯瞰的思考で全体を見渡すと、まず問題点となっている場所が見つかる。そして、原因が1つではなく複合的である場合でも、きっちりと問題点の区分けができるようになるのだ。

そうすれば、異なる問題を一緒にして考えるような混乱は起こらないし、パイプの詰まりを直すように、どこから先を解消すれば全体がうまく流れるようになるのかが一目瞭然になるのである。

逆に、俯瞰的思考が備わっていないと狭い範囲でしか考えられず、思い込みが激しくなる。問題の本質を分析することなく物事が進んでいくため、短絡的な思考でもって強引に結論づけてしまうのだ。

習得するコツは、壁にぶち当たったと気づいた時点で、いったんそこから距離を置いてみること。あえて引いてみることでより大きな問題点が発見できるうえ、思考そのものの幅もぐっと広がるはずだ。

エコカーの営業の場合
「俯瞰的思考」で見ると
新規の顧客獲得
顧客のフォロー
売上ノルマ

自分の仕事を〝鳥の目〟でとらえるとこう見える

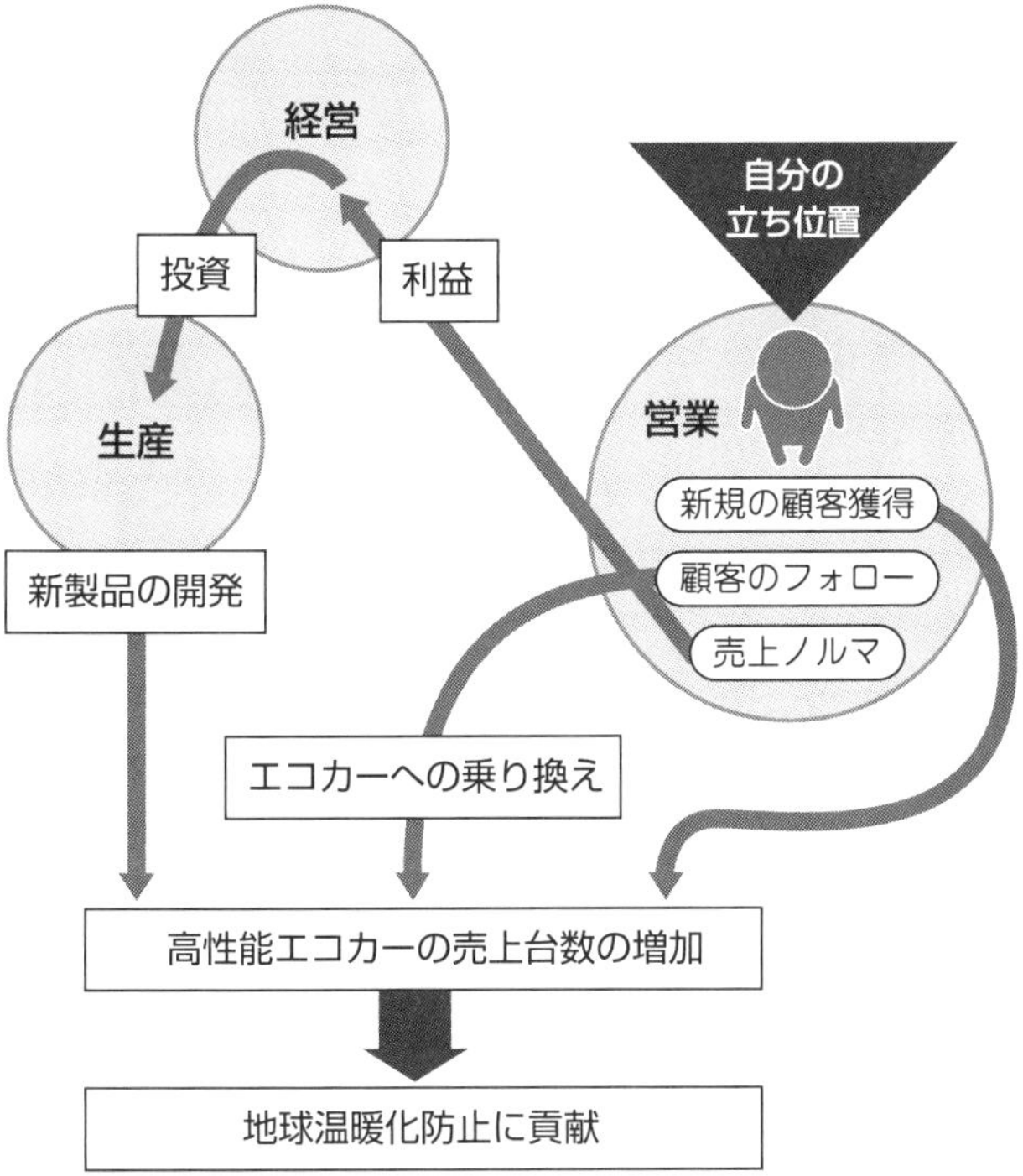

「横に見る」と「縦に見る」が深く考えるときのコツ

■あなたの思考力を試す1つの質問

まずはクイズを1つ出題しよう。

ある遊戯場で、当たり札を当てるだけで大金が手に入る賭け事が行われている。ルールは簡単で、ディーラーが伏せた3枚のカードの中から、当たり札であるハートのエースを当てるだけ。つまり、3分の1の確率で大金が手に入るのだ。

しかしじつは、そのディーラーは3枚のカードを客に見せたあとでハートのエースを抜き取っており、伏せたカードの中に当たりは存在しない。

しかも、今まさに賭けようとしているあなたは、偶然そのインチキを目撃してしまったのだ。さて、あなたはどういう行動に出たらいいだろうか？

たとえば①「インチキだ！」と大声で叫び、周囲の客にも知らせる。あるいは②遊戯場の支配人にクレームを入れる。それから③証拠がないので諦めてカードを引く――。答えはいろいろとあるだろう。

①から③の答えは、じつは「垂直思考」と呼ばれる考え方に基づくものだ。今ある原因と結果だけを分析し、考えを掘り下げていくもので、もちろんこれが悪いというわけではない。

我々の通常の思考はどちらかといえば垂直思考だ。何か問題が発生すれば、何らかの方法でその原因を追究し、問題を解決しようとするのである。

では、こういう答えはどうだろうか。④全財産を賭け、はずれのカードを2枚当ててみせると、ディーラーに言うのである。

この場合、2枚のはずれ札を選んだ以上、残った1枚は当たり札でなければならないので、必ず勝負に勝てるというわけだ。

このような思考は「水平思考」と呼ばれ、思考を水平方向に広げ、今ある〝枠〟から飛び出して発想の領域を増やして答えを導き出すのである。

この水平思考は、発想の転換をはかるときのキーポイントになる。

垂直思考

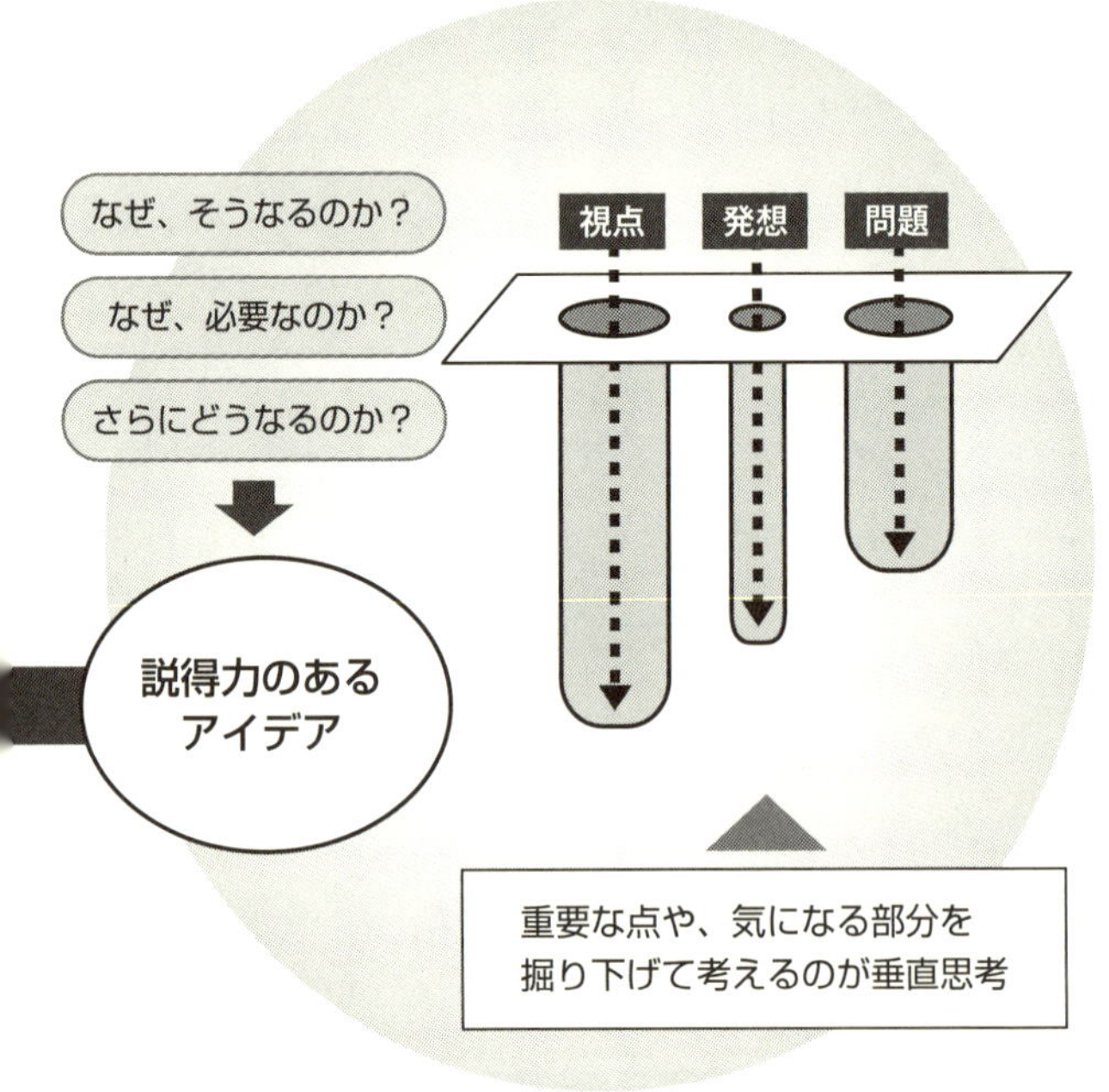

なぜ、そうなるのか？
なぜ、必要なのか？
さらにどうなるのか？
説得力のある
アイデア
視点
発想
問題
重要な点や、気になる部分を
掘り下げて考えるのが垂直思考

思考力アップの法則　その①

説得力のある企画書に欠かせない「三角ロジック」

企画書づくりで最も必要なのは「説得力」だ。とはいっても、必死に言葉だけを並べても、それではただのゴリ押しになってしまう。相手を納得させる企画書を作るためには、「主張（結論）」とそれを支える「裏づけ」、「理由づけ」という三角形のロジックが必要になる。

裏づけと理由づけは、いわば「企画の根拠部分」にあたるもので、これがなければ企画はただの思いつきにしかならない。

結論を証明するデータや過去の例、「なぜこの結論を導き出したのか」を説明する世論などを加えてはじめて、誰もが納得する説得力のある企画書が生まれるのだ。

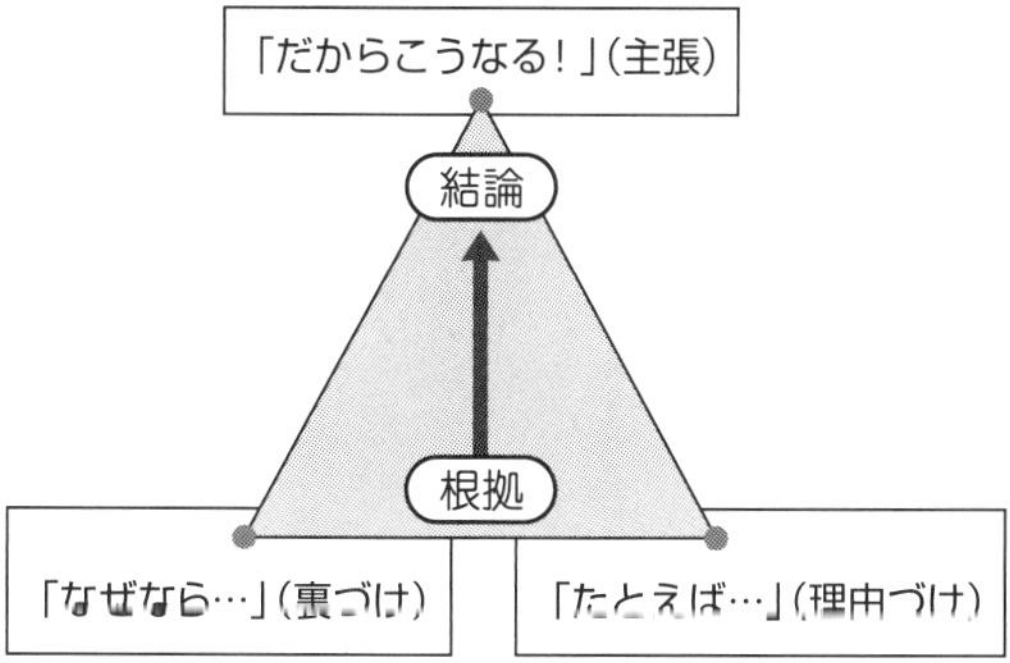

では、具体的にどのような効果があるのか考えてみよう。

■知識と経験に基づく垂直常識にとらわれない水平思考

「水平思考」とは、イギリスのエドワード・デ・ボノ博士らによって提唱された考え方で、簡単にいえば、ある問題に対してこれまでの概念や理論にとらわれることなく、まったく異なるアプローチで新たなアイデアを生み出すというものである。人間には知識と経験があるので、自分なりに答えは導き出せる。周囲から助言をもらうことも可能だろう。

しかし、時にはこれだけではどうしても打開できないということもある。そんな場合の発想転換に有効なのが水平思考なのだ。新商品の開発などに携わっているような人は、ふだんからこれを実践しているのだ。

国内のあるゲーム会社の開発者が、最先端ではない旧式の技術を用いながら「水平思考で新商品を生み出した」エピソードは本にもなっているほどだ。

つまり、新たな材料や情報を取り入れなくても、思考の幅を水平方向に広げるだけで、これまでにない〝ひらめき〟に出会えるというわけなのである。

では、この水平思考を自分のモノにするためにはどうしたらいいのだろうか。

一番いいトレーニングは「連想ゲーム」の要領で考えることだろう。

たとえば、最初に「新商品」というキーワードを思い浮かべたら、「欲しい↓便利↓家電↓省エネ↓安い↓主婦↓女性…」というように、どんどんイメージを膨らませていくのである。これだけで思考の枠はどんどん広がっていくはずだ。

一方、日常の問題解決に広く役立ちそうな垂直思考はどのようにマスターしていけばいいのだろうか。

こちらの頭の鍛え方は、問題の原因を「なぜそうなったか」という1点でのみ掘り下げていく方法が向いている。

「なぜ赤字になったのか↓売り上げが伸び悩んだから↓なぜ売れなかったのか↓業界全体が不況だから↓なぜ不況なのか…」と、これを繰り返すのである。

ようするに、この垂直と水平をバランスよく使えるようになったとき、思考力は従来よりも確実に広く深くなっていくのである。

水平思考

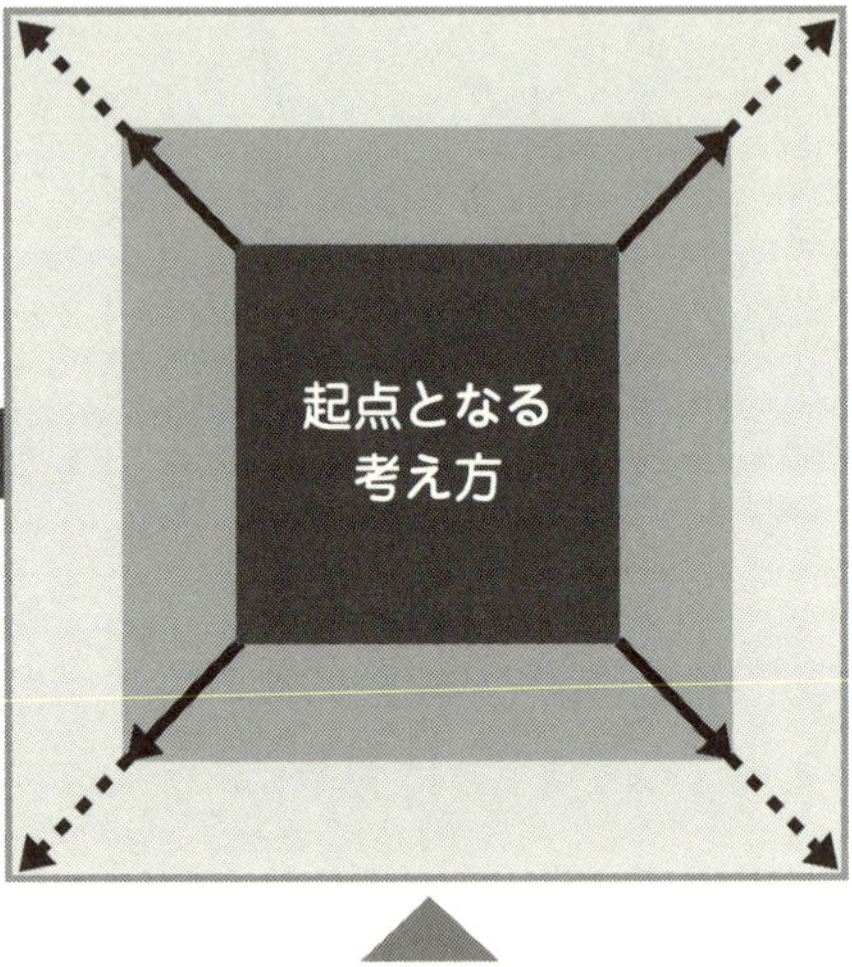

起点となる考え方を定めたら、
発想の枠を平行に拡大していく

思考力アップの法則　その②

現実的なアイデアにつなげる「3つの要素」

水平に発想を広げるときに、1つの要素にこだわっていると発想が凝り固まってしまうだけでなく、アイデア全体のバランスも悪くなる。そこで、まず「3つの要素」を紙に書き出して、常にバランスよく重なり合っているかを意識しながら発想を広げたい。

たとえば、新製品の開発なら「企画」「製造」「販売」の3つの要素をすべて均等に膨らませていくのだ。こうすることで重なり合った部分に現実的なアイデアが見えてくる。

3つの要素をバランスよく重ね合わせる

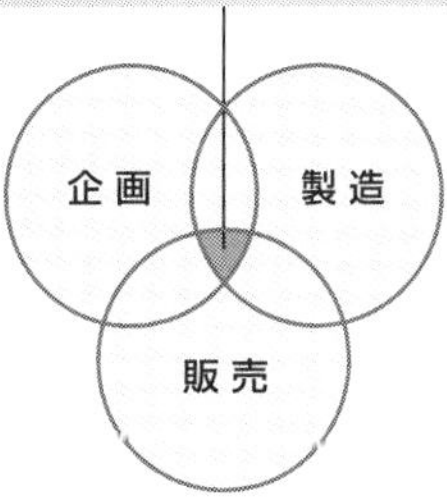
企 画
製 造
販 売

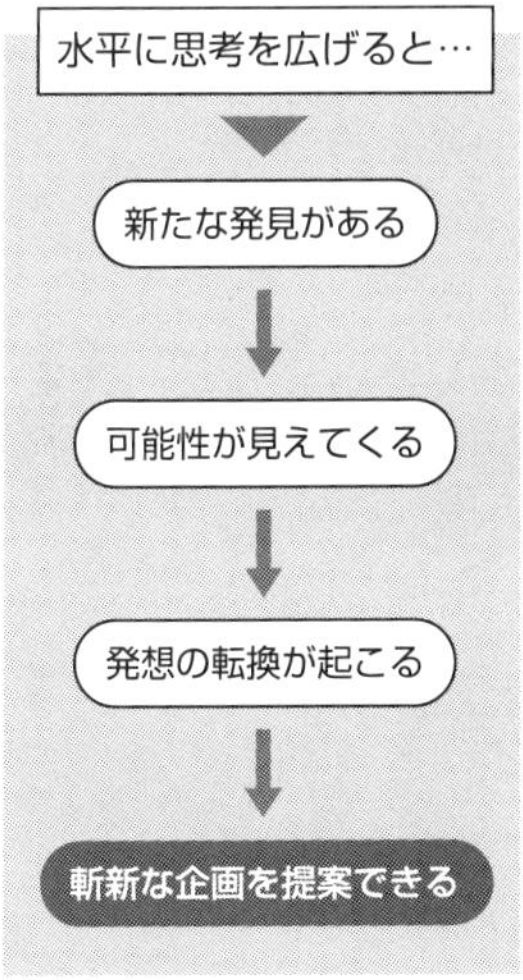
水平に思考を広げると…
新たな発見がある
可能性が見えてくる
発想の転換が起こる
斬新な企画を提案できる

否定を否定する「ダブル否定力」が思考力養成のカギ！

原因を明らかにすることが苦手意識の克服になる

失敗は誰にでもあるのでミス自体は問題はない。しかし、それによって自分の中に苦手意識が生まれてしまったなら、やはりそれは克服しなければならない。

失敗がトラウマになっている人は、挑む前から「ダメだ」と腰が引けてしまいがちだ。そんな人は思い切って、この苦手意識そのものを否定してしまうのだ。

だが、なぜミスは起こったのか、その根本的な原因を徹底的に分析していくと、とるべき対策が必ず見つかる。

これまで自分が否定してきたものをさらに否定する「ダブル否定力」によって、人は初めて失敗を糧にすることができるのである。

苦手意識を克服する「ダブル否定力」

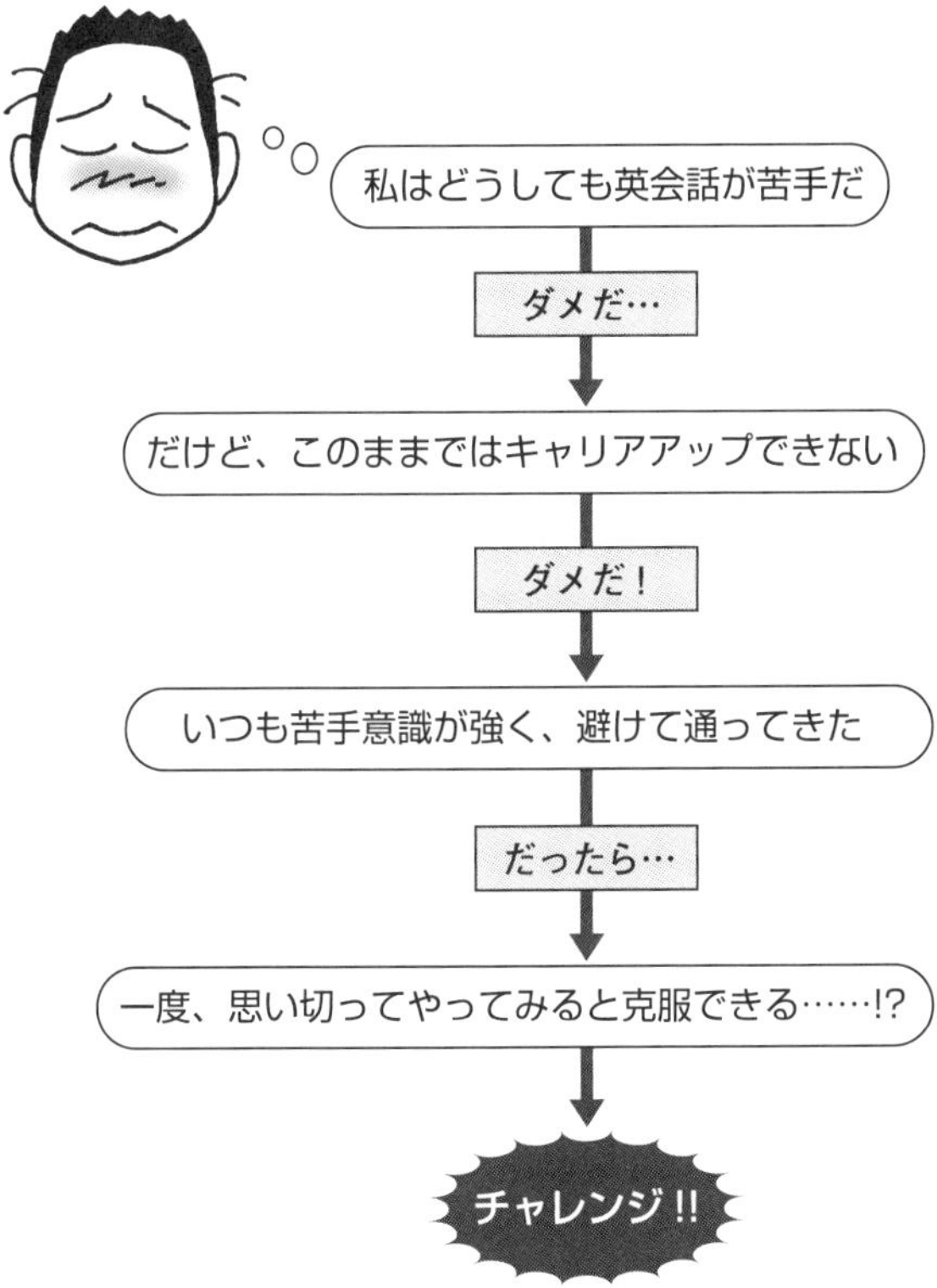

「マネする力」が高い目標達成を可能にするワケ

■思考が表れる言葉やツール、服装などもマネてみる

音楽でもスポーツでも、好きな人のモノマネをした経験は誰でもあるだろうが、模倣が上達の近道であることは仕事でも同じである。マネる対象は、ただ単に仕事ができるというだけでなく、人格的にも心から尊敬できる人がいいだろう。

というのも、その対象は自分の理想の体現者なのである。心底「こんな人になりたい」と思えるような人でなければ、方向性がズレてしまうからだ。

では、いったい何をマネするのか。ズバリ、その人の「モノの考え方」だ。一番手っ取り早いのはその人の話し方をマネるのだ。自分がリスペクトする人の言葉遣いや口調をマネることで、思考を丸ごとマネることができるのだ。

マネるポイント

心から尊敬できる人をさまざまな角度から「マネる」と、いつの間にかその人の〝モノの考え方〟が吸収できるようになる

発想のモレがなくなるオズボーンの「9つのチェックリスト」

アイデアを生み出すのではなく、発想の見落としをなくす

「生みの苦しみ」という言葉があるが、アイデアをひねり出すというのは思いのほか大変な作業である。

仮にたたき台となる素材があったとしても、そこから新たな発想を引き出すには努力だけではどうにもならない。ひらめきは狙って得られるものではなく、大げさにいえば天から降ってくるものだからだ。

そこで提案したいのが「ないものを生み出す」思考ではなく、「あるものを探す」思考法である。

「オズボーンのチェックリスト」という言葉を聞いたことはないだろうか。オズボ

ーンとはアメリカの広告会社の社長であるアレックス・F・オズボーン氏のことで、「ブレインストーミング」の考案者だ。

このブレインストーミングはグループでアイデアを出し合い、新たな発想を生み出すという発想法のことである。企業によっては「ブレスト」という言葉に置き換えて実践しているところもある。

そのオズボーン氏が推奨するチェックリストは、まさに眠っているアイデアを掘り出すためのものだ。言い換えれば、思考に〝抜け〟がないかどうかを確認する作業である。

9つのチェック項目で目からウロコの気づき

たとえば、Aという題材があったとしよう。チェック項目は全部で9つだ。

①転用…他の分野に使い道はないか？

②応用…似たものはないか？　マネるものはないか？

③変更…意味、色、臭い、形状を変えたら？

④拡大…大きく、長く、増やすなどしたら？
⑤縮小…小さく、短く、減らすなどしたら？
⑥代用…人、物、材料、場所を変えたら？
⑦再利用…要素、型、順序を置き換えたら？
⑧逆転…前後、左右、役割を変えたら？
⑨結合…合体、ブレンドしたら？

まずは、身近にあるもので練習してみるといい。Aを「携帯電話」や「ネクタイ」などに置き換えて①〜⑨までを考え、アイデアの可能性が埋もれていないかどうかをチェックしてみるのである。

万策尽きたと思っていてもこのリストで再度検証してみると、今まで見落としていた目からウロコのアイデアがひらめくかもしれない。

〝あるもの〟を探す「オズボーンのチェックリスト」

〈眠っているアイデアを掘り出す９つのチェックリスト〉

転用 （他分野に使い道はないか？）	**応用** （似たものはないか？マネるものはないか？）	**変更** （意味、色、臭い、形を変えたら？）
拡大 （大きく、長く、増やすとどうなる？）	**縮小** （小さく、短く、減らすとどうなる？）	**代用** （人、物、材料、場所を変えたら？）
再利用 （要素、型、順序を置き換えたら？）	**逆転** （前後、左右、役割を変えたら？）	**結合** （合体、ブレンドしたら？）

「直感力」が突然働き出すアタマの使い方があった!

焦りや緊張感の中では直感力が鈍ってしまう

見つけられなかった探し物が、探すのをやめたとたんにふと見つかる——。有名なヒットソングにも歌われているこんな経験をしたことがないだろうか。

これをもう少し理論的に分析すると、探し物が見つからないときというのはある種のパニックになっている。そして「早く探さなくては」という焦りや緊張感も手伝って、ますますどこにあるのかわからなくなってしまっているのだ。

こうなってしまうと「もしや、あの場所にあるのでは」といった直感には頼れない。脳はただ探すことだけを命じ、思考パターンも行き詰まってしまうのである。

それが、探すのをあきらめて他のことに集中してみると、突然「そういえば…」

と勘が冴えてひょっこり見つかったりする。

あの歌がそういう意図だったかどうかは定かではないが、この分析でわかるのは、脳がリラックスしているときのほうが直感は働きやすいということだ。

■その人だけのひらめきは土台があってこそ

直感と聞くと、きわめて本能的な印象を受けるが、じつはそこには必ず〝土台〟となるものがある。たとえば、夕日を眺めていて、ある人はただ美しいとしか感じなかったが、別の人はそこから旋律が思い浮かび、またある人は物語のあらすじがひらめいた。もちろん、ひとりは音楽家で、もうひとりは小説家である。

このように、直感が働くのはあくまでその人の生活や仕事に関係するもの、または専門分野などベースになるものがある場合だ。

「さあ」と意気込んで考えても浮かばないことが、ふとしたときに目の前に忽然《こつぜん》と現れてくる。それは、脳がストレスから開放されてリラックスしている状態によって引き起こされるその人だけの直感なのである。

基礎的な思考に直感が加われば、誰もが驚く発想を手にするのも夢ではないのだ。

「直感力」が働くメカニズム

❶ 自分が探しているものや、見つけたいものについてとことん考える

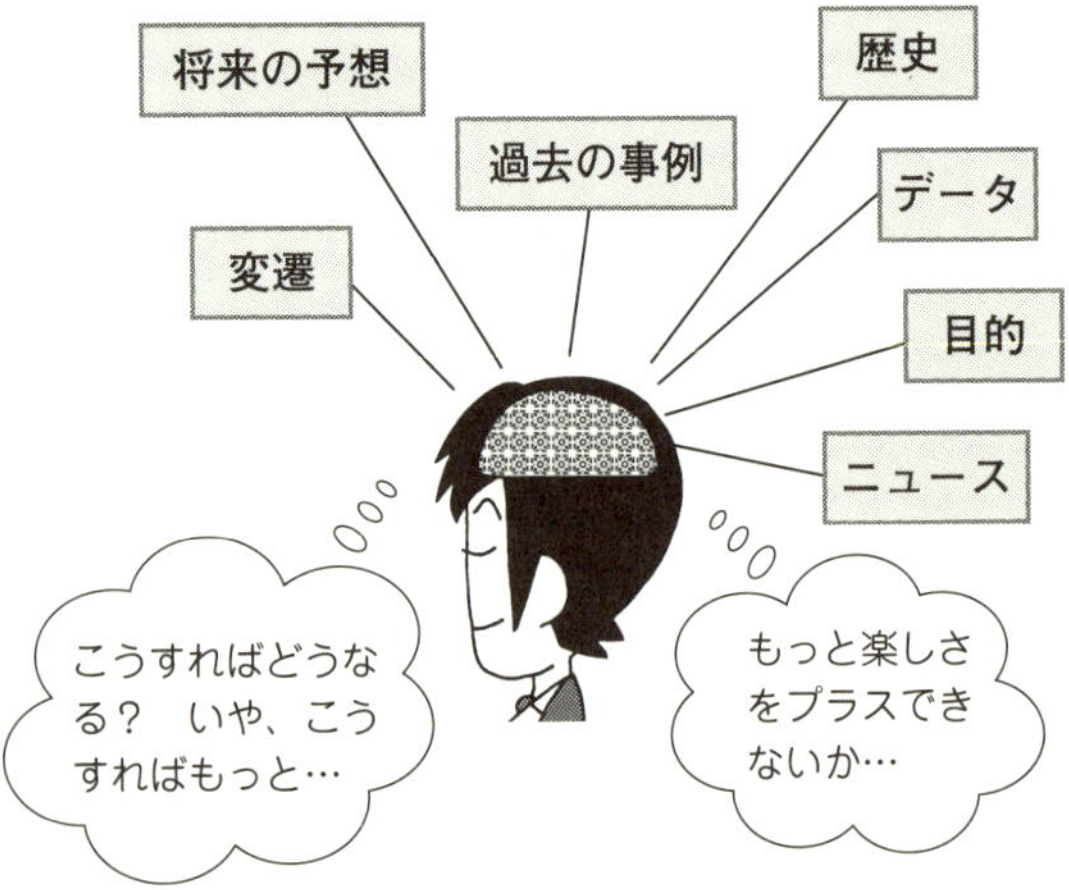

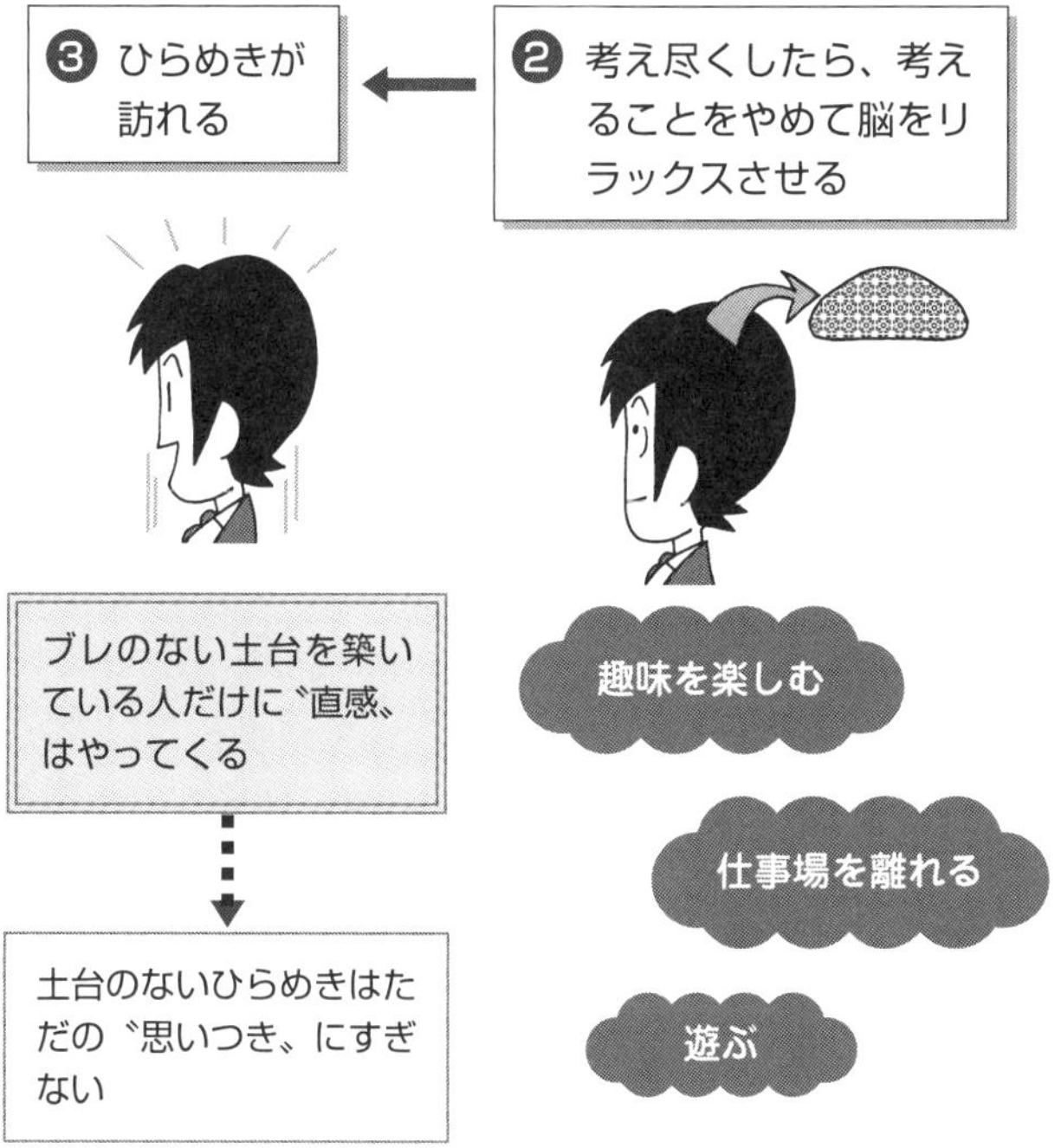
❷ 考え尽くしたら、考えることをやめて脳をリラックスさせる
趣味を楽しむ
仕事場を離れる
遊ぶ
❸ ひらめきが訪れる
ブレのない土台を築いている人だけに〝直感〟はやってくる
土台のないひらめきはただの〝思いつき〟にすぎない

10年前の経験を一瞬の「ひらめき」に変える技術

最後にモノをいうのは、経験である

ひらめきを呼び込む「直感力」は経験を積み重ねることで伸ばすことができる。

現代は効率優先の時代なので、最短ルートで成果を出すことがよしとされているが、経験だけはやはり場数を踏まなければ身につかない。たとえ、それが遠回りだとしても、そこで得た経験は何物にも代えられない財産になるからだ。

そして、そのため込んだ財産が、ふとした拍子にひらめきへの道筋を立ててくれることがある。ひらめきにセオリーはないが、たとえば似たような経験をした、似たようなものを見たという記憶を頼りに、直感が働くようになるのだ。

10年前の経験が、明日のひらめきとなる可能性はおおいにある。

遠回りには「直感力」のタネがある

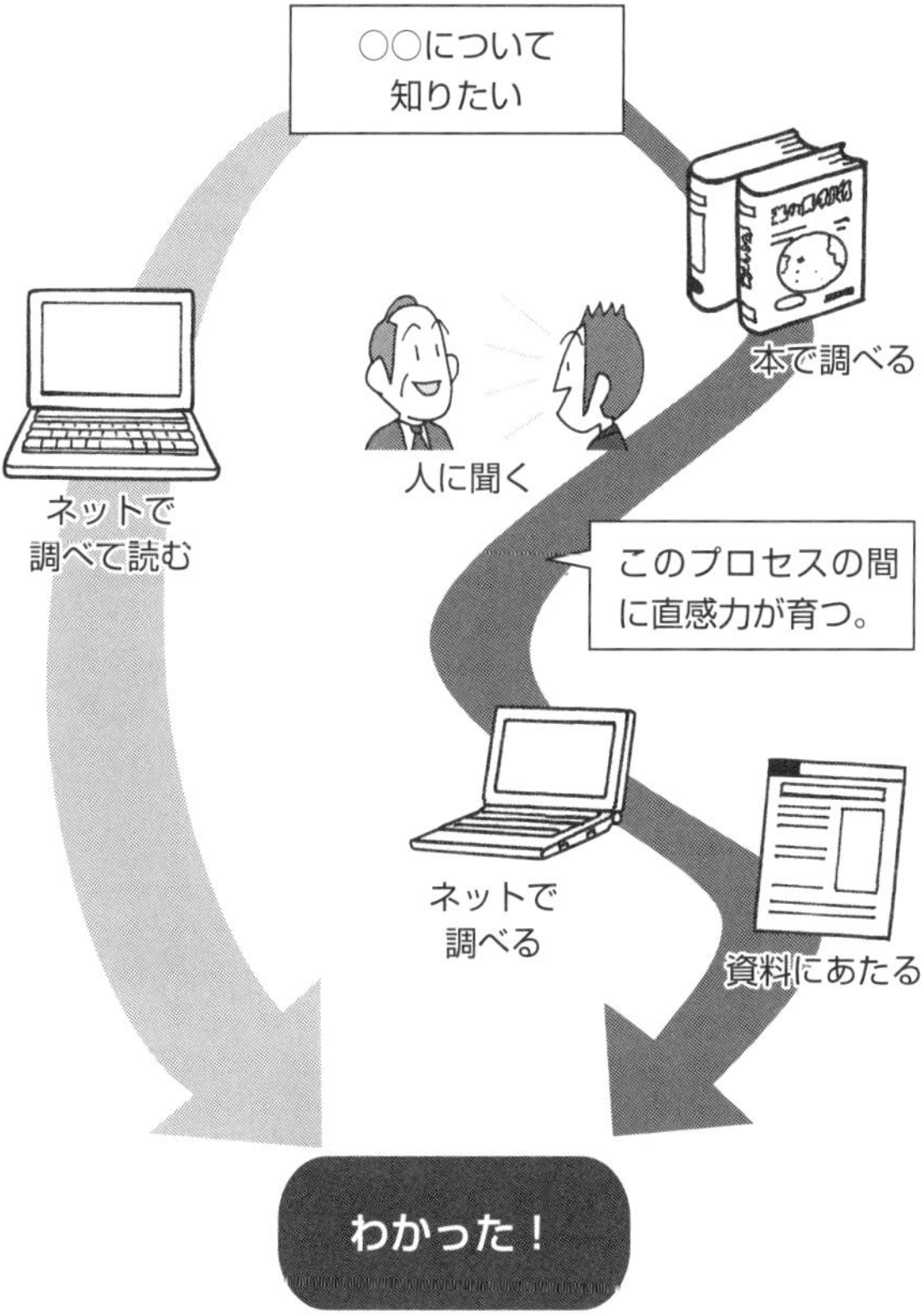

「偶然の一致」は誰にでもやってくるチャンスのサイン

いい予感は軽く見ない

妙に勘が働いて、何をやってもうまくいくという人がいる。そういう人は周囲から「あいつは勘だけで生きている」などと揶揄されることもあるが、その認識は誤りだ。その人は「勘を軽んじていない」ということなのである。

たとえば、ホームに上がったらすぐに目的の電車が入ってきた。電話しようと思っていた取引先に駅でバッタリ会った——。このような偶然の一致は英語でシンクロニシティと呼ばれる。じつは、直感力はシンクロニシティと無関係ではないのだ。

シンクロニシティを単なる偶然ですませるのでなく、好機ととらえて自分に幸運を呼び込む。これだけで直観力はより研ぎ澄まされるのだ。

「偶然の一致」が重なるとチャンスになる

「常識の罠」に陥らないための2つの方法

■少数派が多数派になるとき常識は変化する

以前「常識力」が試されるゲームソフトや本が流行したが、そこには人それぞれの常識と世間の常識との〝すり合わせ〟という意味があった。

同じ社会で生活していても、年齢や立場で行動や考え方にギャップが生じてくる。しかしそれはごく当たり前のことで、世間の常識は時代によってどんどん変化しているからだ。

パソコンや携帯電話はその最たるものだろう。働き盛りのときにこれらに接していなかった先輩たちは、「大臣がツイッターをしていて国会に遅刻」などというニュースはどこか違う星の話に聞こえたに違いない。

ところが、生まれたときからこの手のツールが自宅にあった若者たちにとっては、それほど驚くようなニュースでもなかったはずだ。

このような価値観の違いは、言葉やマナーなど、あらゆるところで現れる。常識とは基本的に多数派の思考であるから、何年経っても不変的なものもあれば、非常識だといわれたものが、あるときから多数派へと逆転して常識になることもある。

こうした変化を見逃さないことは大切だが、同時に、常識ばかりに振り回されるのもいただけない。このあたりのバランスをどうとるかで、じつは直感力に差がつくのである。

ひらめき力が鈍る常識のトラップとは

たとえば、「常識」を誰もが安全に通行できる道路だとしよう。じつはそこには行き止まりの袋小路や、開かずの踏切があったりする。これこそが常識のトラップだ。

そのトラップに引っかかる理由の1つは、「思考の保守化」である。

常識ばかりを意識していると、思考が型にはまりやすくなる。なまじ、途中までのルートが確立されているため「こうすれば間違いない」とか「こうするのが無難だろう」というような考え方に傾きがちになる。そして、気がつくと発想が行き詰まり、思考が停止してしまう。王道を歩いているつもりが、いつしか袋小路から出られなくなってしまうのだ。

次のトラップは「思考の定番化」である。

誰でも同じルートでドライブしていれば飽きがくる。たまには道をはずれて違う景色も見てみたいが、「常識」というメインロードがあるために、自分の意思で道を外れることができなくなってしまうのである。

そして、この2つのトラップによって失われるのが「発想の個性」である。常に世間の価値観で行動しているため、常識では考えられない突飛な発想ができなくなる。そうなれば、当然ひらめきも少なくなる。

しかも、それを小手先だけで打開しようとすれば、常識を抑えたつもりが知らぬうちに非常識の側に立っていたということもあるのだ。

常識をにらみながら対応し、その中で個性を発揮するバランス力を身につける——。常識は時として変化するという意識を常に持ち、自分の意思で選択や判断をするように心がけるべきである。

〝常識〟にとらわれすぎると起こる2つのトラップ

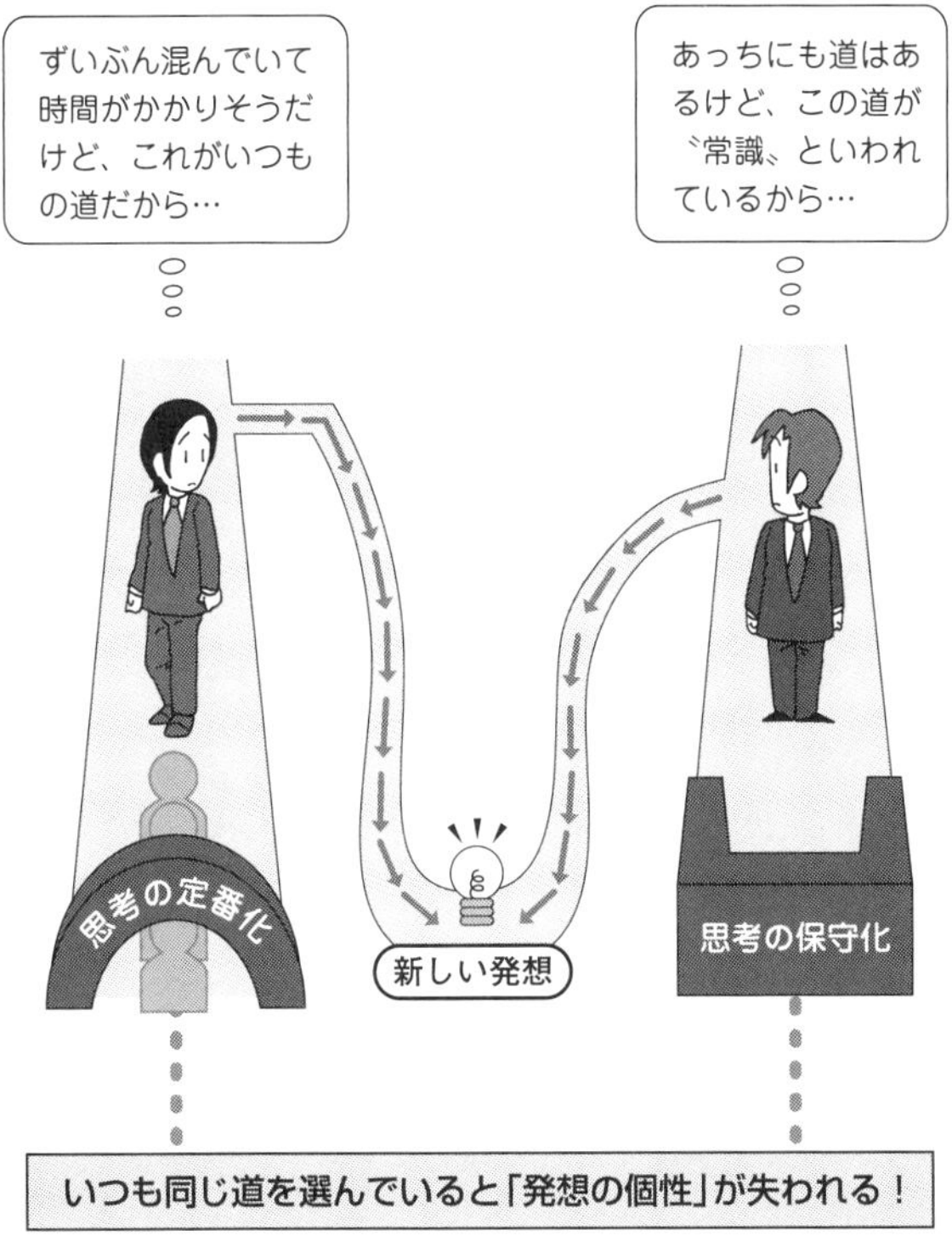

溢れかえる情報より、自分の「皮膚感覚」が正しい！

直感力と右脳の深い関係

たとえば、羽毛布団の存在を知らない人がいたとしよう。その人に対して、あなただったら羽毛布団のよさをどのように説明するだろうか？

眠るときに冷えないように身体を暖めるもので、鳥の羽を使って作られている。そして、上からかけるとフワフワとしていて気持ちがいい…。

しかし「フワフワってどういう感じ？」と聞かれたら、ちょっと言葉に詰まるのではないだろうか。なぜなら、こればかりは実際に布団に触ってみなければわからないからだ。これが「皮膚感覚」と呼ばれるものである。

新聞やテレビ、パソコンなど、私たちの情報収集は、ほとんどが目と耳で行われている。その処理を請け負うのは左脳だが、皮膚感覚で得たものは右脳の役目である。

直感やひらめきと密接に関わるのがどちらかといえば、もちろん右脳だ。したがって、直感力をアップさせるには、皮膚感覚を大事にすることが近道だということがいえるのである。

五感を駆使することで意識的に皮膚感覚を習得

誰が見ても「右脳派」だとわかるほど感覚的な人はいるが、それはごくまれてある。大多数の人間は左脳派で、感情よりも理性を優先している。

もちろん、生きていくうえではどちらの脳の働きも重要である。一時期メディアなどで「右脳を鍛えよ」としきりに叫ばれていたのは、そのためだ。

よくいわれるように音楽やアートに触れるのもいいが、もっと手軽に取り組めるのは五感に敏感になることだ。視覚、聴覚はもちろん、味覚、嗅覚、触覚の情報も積極的にインプットするのである。

目や耳で得た情報は整理がしやすい反面、記憶に残りにくい。しかし、味や匂い、思考をつかさどる「左脳」

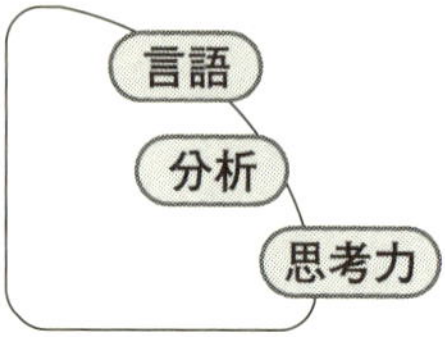

インターネットやテレビなどの
「文字データ」と「映像データ」は、
左脳を中心に働かせている

メモのないところで直感は働く

　不思議なことに、直感というものはデスクに向かっていたり、仕事のことを考えているときには訪れない。むしろ、仕事を離れてリラックスしているときや、遊びに夢中になっているときなどに唐突に浮かんだりするものだ。ちなみに、アインシュタインやモーツァルトなどの天才や、名プランナーといわれる人たちも同じ体験をしているという。

　しかし、かなり強烈なひらめきでも時間が経つと忘れてしまいがちだ。そこで直感的に感じたことを忘れないために、必ずその場でメモをとれるように常に筆記用具を持ち歩くことをおすすめしたい。それだけで、仕事の質がさらによくなることは間違いないだろう。

感覚をつかさどる「右脳」

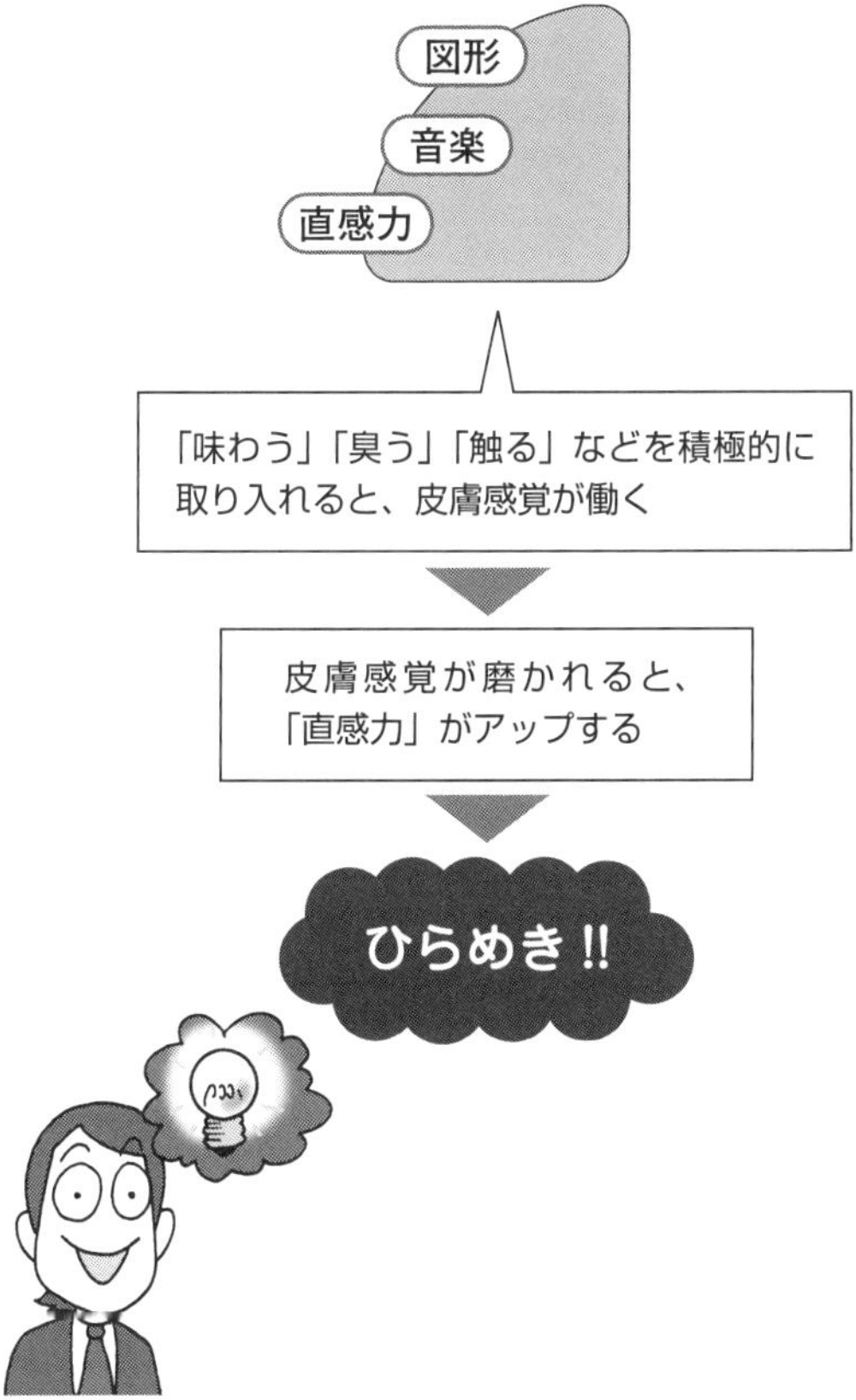
図形
音楽
直感力
「味わう」「臭う」「触る」などを積極的に取り入れると、皮膚感覚が働く
皮膚感覚が磨かれると、「直感力」がアップする
ひらめき!!

触れた感覚は意外と根強く、私たちの脳内に記憶となってストックされるものだ。

ただし、文字や映像の情報と異なり整理がしにくい。だからこそ、ふとした拍子に何かに触発されて思い出し、そこからひらめきへとつながることがあるのだ。

「どこかで食べた味」や「あのとき感じた空気」といった感覚は、時に左脳に整理されている情報以上のヒントを与えてくれることがある。

典型的な左脳派にとっては、何とも曖昧な感覚で違和感があるかもしれないが、こうした五感をうまく活用することで、新たな発想が生まれることもあるのである。

まずは、物事を左脳6、右脳4くらいのバランスで意識して考えることから始めてみてはどうだろうか。

4
「情報処理力」がアップする時間の習慣

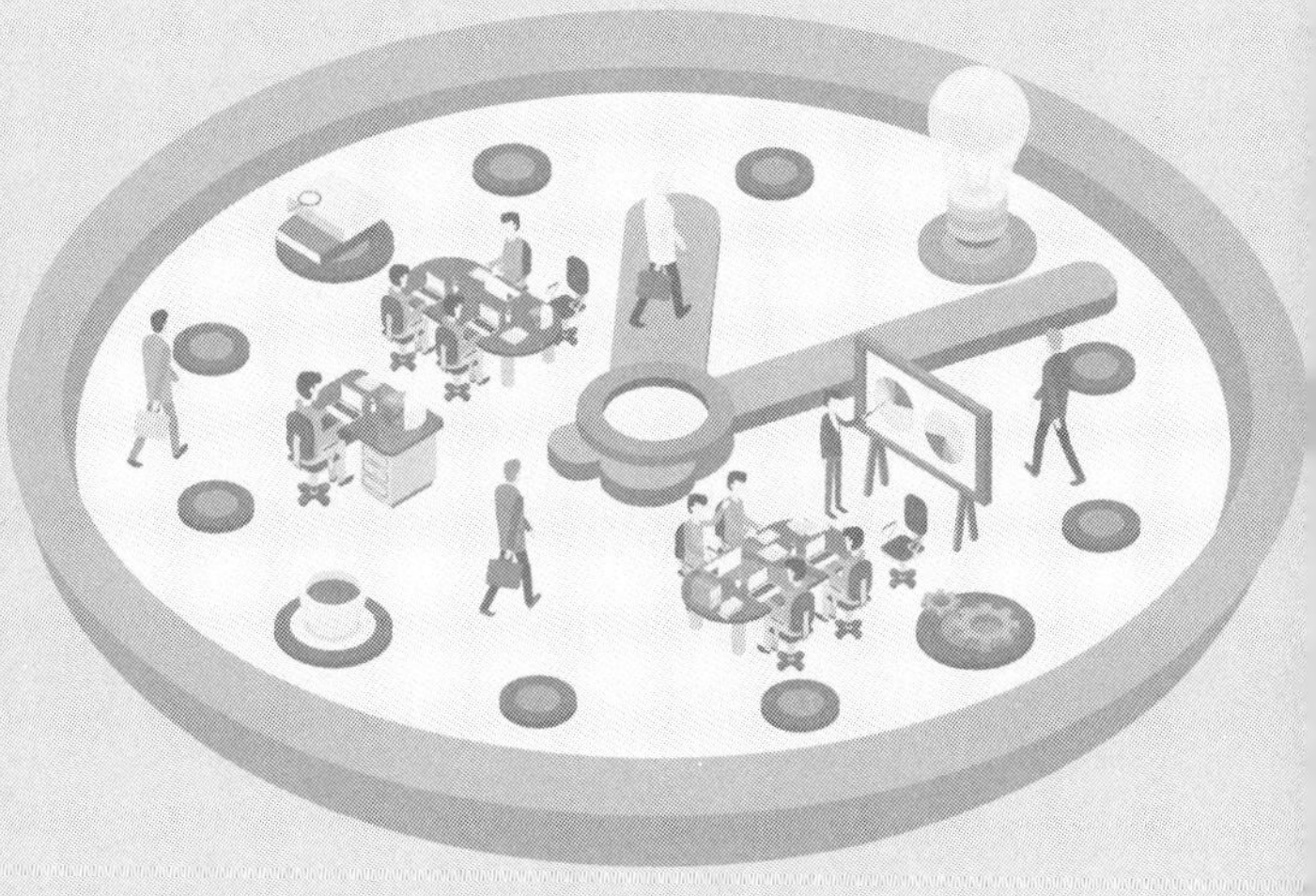

手帳をカシコく使うには書く情報を取捨選択する

手帳はビジネスパーソンにとって欠かせないツールだが、使い方によっては逆にムダな時間を生んでしまうことがある。

たとえば、スケジュールからふと思いついたアイデアまで、すべてのページが真っ黒になるまで手帳に書き込んでいるような人がいたとしよう。こんな人に聞きたいのは、これらの情報は、本当にすべて手帳に書き残しておく必要があったのかということである。

これは、手帳に限らずノートやメモをとるときにも同じことがいえる。

手帳やノートはあくまで情報を整理するための補助的なツールの1つであって、キレイにまとめることばかりに注力したり、びっしりと文字が書き込まれたページを眺めて自己満足していては本末転倒である。

それよりはむしろ、書き込んだ情報を見返すことに時間を割くようにしたい。

また、緊急の連絡事項などはその場で電話をかけたり、スマホなどを使ってすぐに返信すればいい。手帳に書くことでかえって情報の流れが止まってしまうこともあるのだ。

仕事を「見える化」して管理するための㊙アイテムとは？

外部から情報を得るときにはまず目で確認するが、人は情報の8割をこの視覚によって得ているといわれている。

そこで、仕事におけるさまざまな情報もひと目見た瞬間に判断や整理ができるように工夫しておくといい。そのために便利なアイテムが、カラーバリエーションが豊富なふせん紙である。

まず、自分の手帳に貼れるくらいの小さなサイズのふせん紙を3～4色用意したら、1枚のふせん紙に1つの予定を書き込んでいく。このときに、仕事の優先順位が高いものから順に赤→黄→緑…などとふせん紙の色を変えていくといい。

社内での仕事か、あるいは社外での打ち合わせかといった仕事の種類によって色分けしてもいいだろう。

こうして予定を管理しておけば、パッと見て赤いふせん紙が多ければかなり切羽詰まった状況だということがひと目でわかるし、逆に緑が多ければスケジュールに割と余裕があるので緊急の仕事を差し込むこともできるというわけだ。

万一、仕事が終わらなかったとしても、ふせん紙を移動させるだけでそのまま翌日に繰り越すこともできる。

とはいえ、スケジュールの変更や先送りはできるだけ避けるのが、自分の仕事のペースを守るための鉄則である。

会議で使ったホワイトボードの内容を一瞬で記録するには？

ビジネスシーンで欠かせない重要なものといえば、会議だ。ちょっとした打ち合わせから大きな会議まで、多いときには1日に何回も行われることもある。

その際、レジュメなどが配られる場合はいいのだが、ホワイトボードやＯＨＰを使う場合は、その記録をいちいちノートや手帳に書き残すのも手間がかかるし、情報の整理をするのにも結構な労力がかかってしまう。

そんなときはスマホのカメラでボードごと撮影してしまうのだ。これならノートに書く手間が省けるだけでなく、結果として打ち合わせに集中できるようになる。パソコンに保存することで、内容を再確認しやすくなるという利点もある。

ただし、打ち合わせや会議が始まる前に「記録のために撮影したい」とひと言断りを入れておく必要がある。とくに年配の上司が同席する場合は気をつけたほうがいい。「カメラで撮って終わりとは、不真面目だ」と不興を買う可能性があるからだ。

そこで、打ち合わせをした後に、撮影した画像を添えて報告書や企画書を上司に提出してみよう。スピーディーかつ効果的な記録法であることが印象づけられたら、逆に上司からの評価もアップするにちがいない。

周りの人に告知すれば、探している情報は自然に舞い込む

望めば叶う、とはいわれるが、具体的に欲しいものがあるときにはただ心の中で願っているだけではダメである。手に入れたい情報や欲しいものがあれば、それを口に出して、周囲に知らしめるほうがいい。

ただやみくもに情報を集めていてもなかなか核心に触れるものが見つからなかったり、目当ての人やものに近づけないことも多い。

「三人寄れば文殊の知恵」というように、とくに探しものの場合、1人より2人、2人より3人と、他人の力を借りれば1人で動くよりずっと効率がよくなることが多い。「こんな情報が欲しい」「こんなものを探している」「あの人に会いたい」などと、常に周囲の人たちにアピールしておけば、それを何度も繰り返しているうちに、周りの人たちにそれがインプットされていくのだ。

その結果、思いもよらない人から助け船が出ることもある。知っている人が多ければ多いほど、より多くの情報が集まってくる。効率よく情報を収集したいのなら、周囲を巻き込んでしまうほうがいいのだ。

本を高速で理解するには、「読む」を「見る」に転換する

一般に本を読むときの方法は「黙読」である。しかし、実際に声には出さないも

のの、頭の中では一字一句を目で追いながら〝音〟にして読まないとなかなか理解できないものだ。とはいえ「桜」という文字を見たときは、わざわざ音に変換しなくても一瞬にして文字の意味を理解できる。「ありがとう」「さようなら」という文字でも同じだろう。

このように文字を見た瞬間に意味をつかむ読み方を「視読」という。まさに読んで字のごとく「視る」読書法だ。

もしこの方法で読書ができれば、普通は2時間ぐらいかかる小説も15〜30分ほどで理解できるうえ、文章の内容を味わうこともできる。1冊を今までの4分の1〜8分の1の時間で読めるようになるのである。

視読は脳の使い方も違ってくる。黙読は言語をつかさどる左脳が中心に使われるが、視読はイメージをつかさどる右脳を使う。右脳はスポーツや映画のような目にもとまらぬ速いスピードの情報でも処理する能力を持っていて、左脳よりも大量処理が可能なのだ。

そうはいっても黙読から視読への転換はそう簡単にはできない。「て、に、を、は」や「です、ます、だ、である」などには目もくれず、名詞や動詞、形容詞だけを見るのがコツなのだが、それなりにトレーニングが必要だ。

しかし、黙読がそうであるように視読もまた慣れである。特別な人にしかできない能力ではないので、トライしてみる価値はあるだろう。

「80:20の法則」を意識して本はキモの部分だけ読む

経済学には「パレートの法則」というものがある。これは「結果の80パーセントは20パーセントの原因から生まれる」というもので、たとえば「売り上げの80パーセントは20パーセントの社員が稼いでいる」とか「富の80パーセントは上位20パーセントの高額所得者が持っている」といった統計が成り立っている。

じつは、本も「全体の80パーセントは大切な20パーセントのために書かれている」ということができる。100ページだろうが、1000ページだろうが、その本が本当に訴えたいキモの部分は全体の20パーセント程度であり、残りの80パーセントはそれを説明するための内容であることが多いのだ。

では、キモである20パーセントを見極めるにはどうしたらいいのだろうか。

それには、まえがきやあとがき、目次などから、その本のポイントや著者の思いを読み解いてそこから要点と思われる部分、あるいは自分が必要と感じる部分を読んでいけばいい。

もし、20パーセントだけを読む読書法を習得できれば、読書タイムは今までの5分の1になるし、逆に同じ時間をかければ5倍の本が読める計算になる。

漢字の半分を読めば、本の内容は速読できる

難しい漢字を書くのは少々面倒くさいが、読むにはとても便利な言葉である。逆

にひらがなは簡単だが、大人になると、すべてがひらがなの文章ほど読みにくいものはない。

「じかんたんしゅくにやくだつかんじ」と「時間短縮に役立つ漢字」では、目で見て理解するスピードがまるで違うはずだ。

常用漢字の見直しで憂鬱《ゆううつ》の「鬱」まで追加されたのも、パソコンが普及し「すべて手書きができる必要はない」と判断されたからだ。要は、読むための便利さに合わせた見直しがされたといえるだろう。

一般的に読みやすいといわれているのは全体の3〜4割が漢字の文章だ。それ以上になると堅苦しく難しくなって、逆に理解するにも時間がかかってしまう。反対にそれ以下になると今度は稚拙な印象が生まれ、かえって大事なことがわかりにくくなってしまうのだ。

前述の「80：20の法則」にもあったように、書籍1ページの中でポイントとなる情報は1〜2割といわれているので、全体の中で3〜4割が漢字だとするなら、書かれている漢字の半分を読めれば完読したようなものなのである。

食事中はニュース番組を見て〝ながら〟情報収集をする

厳格な家庭で育てられた人にいうと叱られそうだが、食事をしているときにはテレビを見たほうが時間を効率よく使うことができる。といっても、アニメや芸能ニュースなど自分の好きな番組を見るのではない。ニュース番組を見るのである。

食事をしているとき、両手と口はふさがっているが目や耳は自由に働かせることができる。

厳密にいうと、食事は五感で味わって食べるべきかもしれないが、忙しいビジネスパーソンとなるとそんな悠長なことをいってはいられない。「食べる」「情報を集める」「考える」など、同時にできることを一緒にやることで、仕事以外に使える時間を増やすことができるのだ。

しかも、食事をしながらニュースを見ることは簡単に実行できる。国内のニュースが中心の地上波の番組はもちろん、世界のニュースが配信されているケーブルテレビやBSの番組も要チェックだ。

あまり行儀はよくないが、食卓に筆記用具を置いておいて気になるキーワードをその場で書き出しておけば、あとからインターネットで調べることもできる。〝ながら作業〟でスピーディーに仕事を処理すれば、その分、プライベートタイムはゆっくりと過ごすことができるのだ。

新聞は「面白い事実」と「キーになる数字」を読む

毎日、新聞を隅から隅まで全部読むのは時間がかかるし、忙しいビジネスパーソンには不可能に近いだろう。

そこで、見出しを見て面白いと思った記事の「面白い事実」と「キーになる数字」

の2つをポイントとして読むことをおすすめしたい。

たとえば、「小麦売り渡し価格が高騰」という事実を頭に入れておき、記事の中にある「パンが20円値上げ」の数字を一緒に覚えておくのだ。

こうしておけば、もっと詳しく知りたければこのキーワードをインターネットで検索してさらに情報を引き出すこともできるし、全体の内容は詳しくなくても話のネタとして十分に使える話題を提供できるはずだ。

特集

最短の時間でベストの
結論を出す方法２

判断力・分析力・戦略力編

的確な決断を下せる人が持っている「3つの能力」

意思決定のクオリティを上げる要素

「今日の昼はラーメンにしようか、カレーを食べようか」といったものから、「新製品のネーミングをどれにするか」といったことまで、内容にかかわらず、私たちは日々意思決定を行っている。

この意思決定、じつは絶対的・普遍的な正解があるものではない。その時々で、自分が一番いいと思える判断を下しているだけなのだ。

冒頭のような昼食の選択なら「やっぱりラーメンじゃなくてカレーにしておけばよかった」くらいですむものの、重要な問題に直面したときには、できるだけ的確な意思決定を行わなければならない。

それには、意思決定のクオリティ（質）を上げる必要がある。

人間はさまざまな要素を考えたうえで物事を判断しているようにみえるが、意思決定の基盤となっているのは、「合理性」「倫理観」「感情」の3つだ。

つまり、この3つのクオリティを高めれば、より自分が満足できる回答が得られるというわけである。

まず論理的でムダのない合理性を学ぶには、ビジネス書などを読むことが有効だ。

また、社会的な道徳や礼儀をわきまえることで自然と倫理感は身についてくる。

これらに対して、感情は主観的で一般的なルールがない。しかし、伝統的な美術や芸術などの本物に触れることで、豊かな感情を培うことができる。

これら3つの軸から物事をみるとき、どれかひとつに偏った見方をせずにバランスよくとらえることが大切だ。

時間をかけるより即断即決がいい場合

ところで、意思決定にはスピードも重要である。

何か大きな決断を迫られたとき、つい「もう少し時間をください」とか「もっと計画を練ってからでないと」などと言ってしまいがちだ。しかし、判断の先延ばしはけっしてプラスになることはない。それが成功するか失敗するかなど、実行してみなければ誰にもわからないからだ。

完璧な計画を立てたり、100%の情報を得ようとしたら時間ばかりがかかってしまい、ライバルに先を越されるリスクが大きくなってしまう。

それよりもとりあえず走り出してみて、問題が起きた段階で随時修正していくほうがいい。失敗よりも、決断の先延ばしのほうがマイナスになる可能性が大きいのだ。

とはいえ、何の準備もないままスタートするのではなく、ある程度の情報を集めて仮説を立て、それを検証することが大切だ。

このように意思決定までのプロセスが間違っていないのなら、即断即決のほうがチャンスをつかめる確率はずっと高くなる。

素早い判断を下すことができるようになるためにも、日ごろから意思決定の3つの軸を磨いておくことが大事なのである。

意志決定をするときに働いているもの

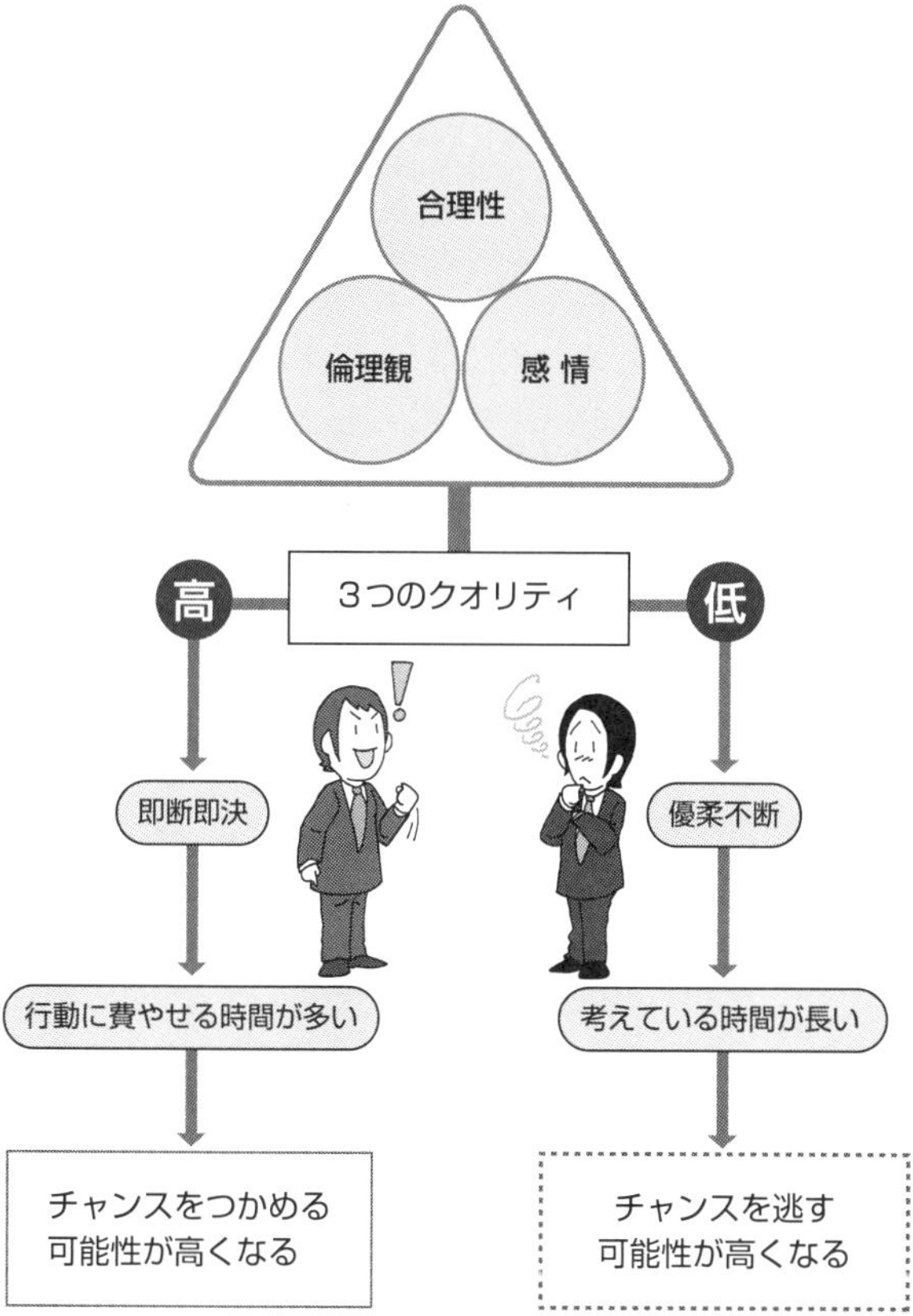

「外すための引き算」ができる人は意思決定が速い！

■外せる条件を見極めて捨てていく

ビジネスシーンでは、同時にいくつもの問題を抱えてしまうことが珍しくない。山積みになった仕事を見れば気持ちは焦るばかりで、手当たりしだいに片っ端から手をつけていくということに陥りがちになる。

だが、このやり方ではムダが多く、判断力も鈍くなり、かえって仕事の効率を悪くしてしまう。何より多くの問題をいっぺんに、素早く、しかも正確に考えるなどということ自体に無理があるのだ。

こういうときには一瞬立ち止まって、まず「外すための引き算」をしてみよう。解決しなければならない問題の中には、さまざまなものが含まれている。そこから重要度の低いものを取り除いていき、一番優先順位の高い問題を見つけ出すのだ。

■「外すための引き算」とは？

学生時代の試験なら難しい問題は飛ばして先へ進み、あとから戻ってじっくり考えることができた。もちろん仕事の場合はこうはいかないものの、もし重要でない問題にひっかかって足踏みをしていたら他の仕事にも支障をきたしてしまう。

しかし、これを「外せない条件」と「外せる条件」に分類できれば、一番最初にやらなければならないものは何かが自ずとわかってくる。

引き算の条件はその時々で異なるが、たとえば緊急性という条件で引き算をすれば、最も急いでやる仕事は何かがわかれば、重要ではあっても時間に余裕のあるものは後回しにすることが可能になる。

あるいは、「どうしても自分でやらなければいけない仕事」という視点で引き算をしてみると、それ以外は他の人に任せることもできるのだ。

こうして引き算をしていくと、とりかかるべき問題が絞られる。また引き算を繰り返し行うことで、意思決定を素早く行えるようになっていくのだ。

優先順位を明確にする「外すための引き算」

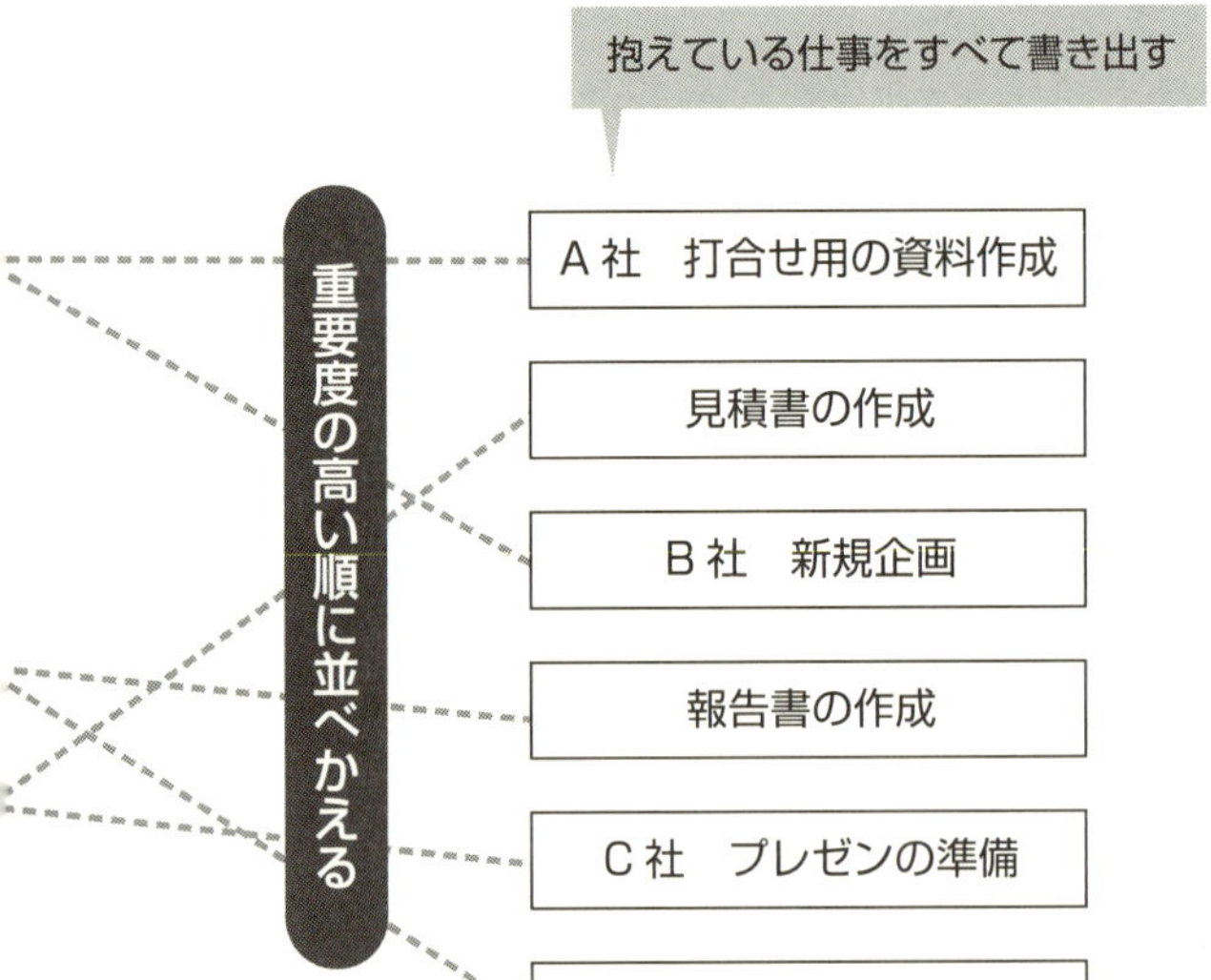

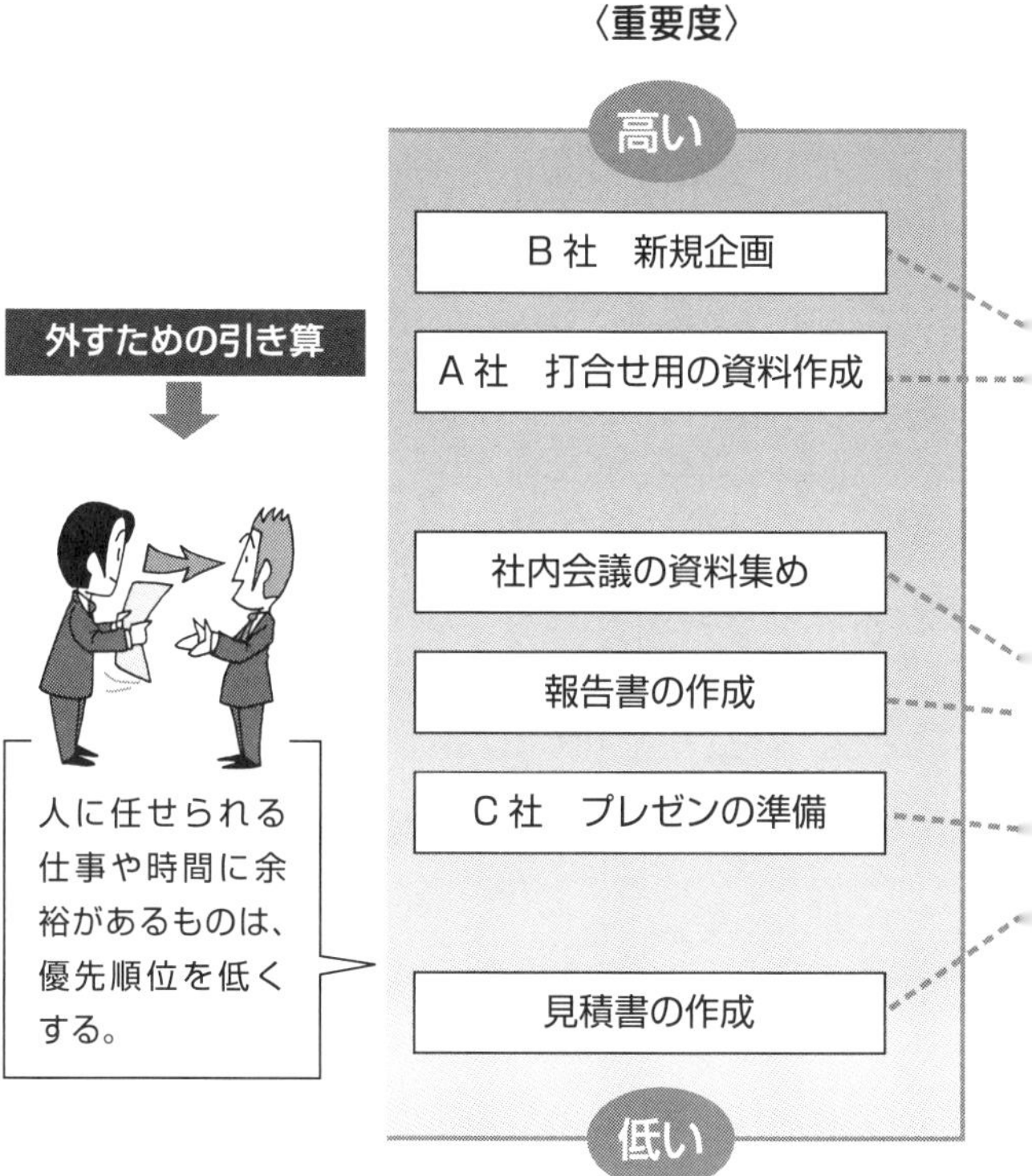
〈重要度〉
高い
B社　新規企画
A社　打合せ用の資料作成
社内会議の資料集め
報告書の作成
C社　プレゼンの準備
見積書の作成
低い
外すための引き算
人に任せられる仕事や時間に余裕があるものは、優先順位を低くする。

「忘れる技術」でアタマの中を整理整頓

■5Sを使って記憶の整理整頓をしてみよう

会議中に議論が煮詰まってしまい、建設的な意見が出てこない、問題についてこれだという打開策も見つからない――こんな袋小路に迷い込んでしまうことはよくある。

このように思考が堂々巡りに陥ったときには、これまでに溜め込んだ先入観をきれいさっぱりと捨て去り、頭の中をいったん白紙の状態にしたほうがいい解決策が見つかることが多い。

難問に直面した際、経験や知識が乏しければ解決の糸口はなかなか見つけられないが、しかし、それまで蓄積した経験や知識が新しい発想を妨げていることもある。

ふと口にしたアイデアのほうが、意外な突破口になったりもするのである。

とはいえ、頭を白紙の状態に持っていくのは簡単ではない。これには「忘れる技術」が必要だ。カギとなるのは「整理・整頓・清掃・清潔・躾《しつけ》」の５Ｓである。

部屋の中が乱雑だと座る場所もないということになってしまうが、記憶も同じことで、いろいろなものが詰め込まれていると、新しい考えが入る余地がない。忘れるといっても記憶を消し去るわけではなく、頭の中を整理整頓して新しいデータが入るスペースをつくってやるのである。

たとえば、パソコンのデスクトップにはアイコンが出ていないけれど、それぞれフォルダにはきちんと保存されている状態を思い描いてもらえばいい。

頭の中で重要なことや優先事項と、ムダな記憶を分けておく。こうすると、よけいな雑念にとらわれることなく、大きな視点でモノを考えることができるようになるのだ。

最初は記憶の視覚化から始めよう

では、具体的にはどうやってそれら記憶を整理整頓したらいいのだろうか。

本来、５Ｓは頭の中で行うものだが、最初から頭の中だけで実行するのは難しい。だから、まずはあらゆる記憶や知識を書き出してみるといいだろう。

たとえば、書き出したものを目の前に並べれば、どれが必要で、どれが不要なのかということがわかりやすくなる。

それに、別々の事柄として記憶していたものを自在に組み合わせることもできるので、新たな発想にもつながっていく。

視覚化はものを記憶し、考えを整理するうえでも有効な方法だ。しかも、文字や数字よりもずっと多くの情報を処理できる。

つまり、重要事項として視覚から入ってきた情報は、記憶の中でもそのまま重要事項として認識される確率が高くなるのだ。

もちろん部屋と同じで、きれいに掃除をしても放っておいたらまた散らかってしまうので、常に5Ｓを心がけておくようにする。そうすると、必要なときに必要な情報がさっと取り出せるだけでなく、いつの間にか不要な記憶は忘れ去っていくようになるのである。

「５Ｓ」を使った記憶の整理整頓法

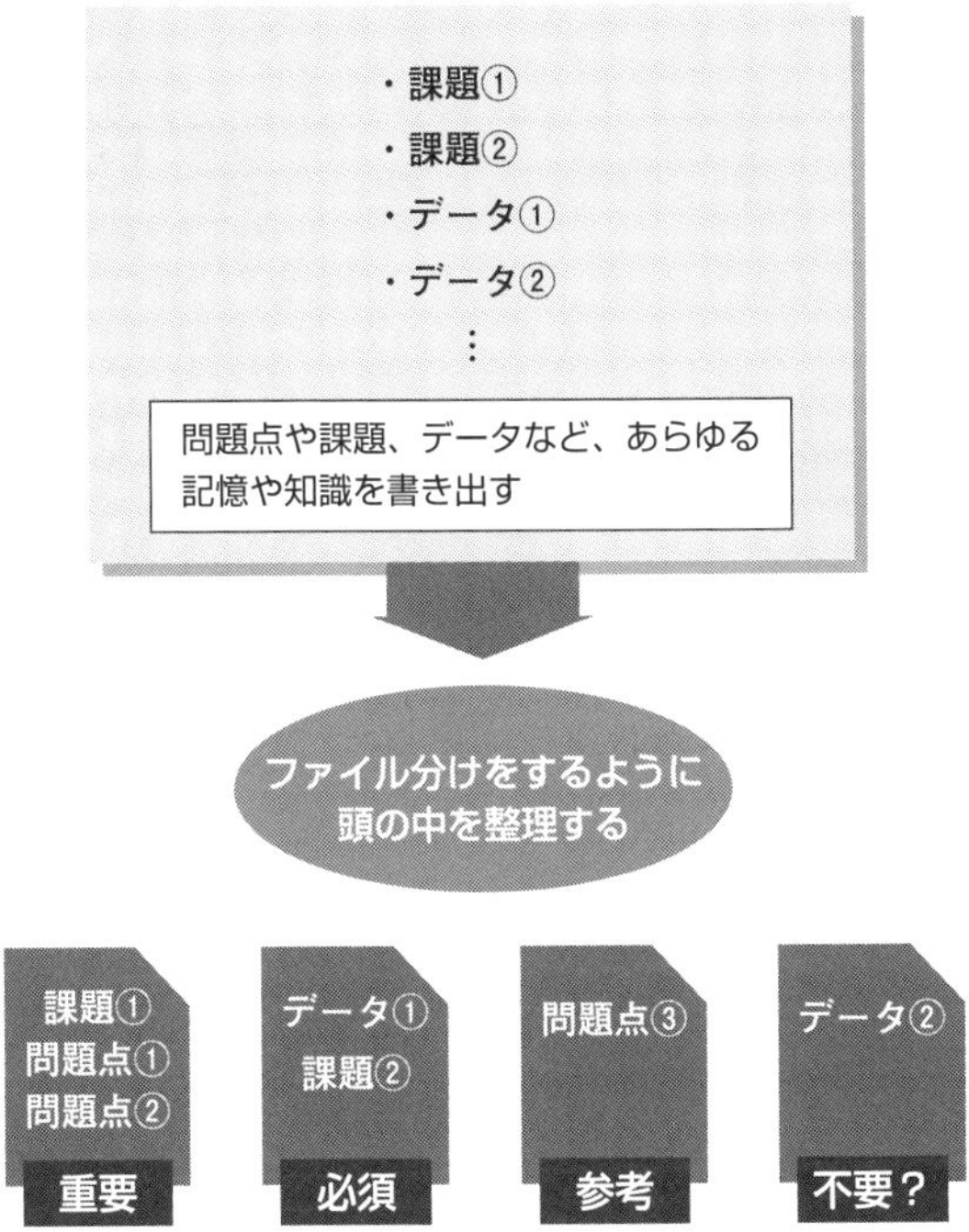

記憶や知識を分けておくと、不要なものはいつの間にか忘れ去り、頭の中がスッキリと整理される

A案かB案かではなくあえて選択肢を増やす

自ら選択肢を増やして可能性を広げる

ある企画について甲乙つけがたいA案とB案があるとしよう。こんな場合、たいていはよりベターだと思えるほうを選択することだろう。

だが、広い視野で物事を考えるためには、まず目的を見直すことが必要だ。たとえば、「コストを第一に考えたらどうなるか」とか「早期の実現には何が必要か」などと目的を変えてみると、A案にプラスの要素をつけたA＋α案ができたり、双方のメリットをとったA＋B案が浮かんだりする。

このように、自ら考えて選択肢をいくつも増やしたところでもう一度考え直してみるのである。そうすれば、ベストな答えを導き出すことができるようになる。

「選択肢の創造」とは

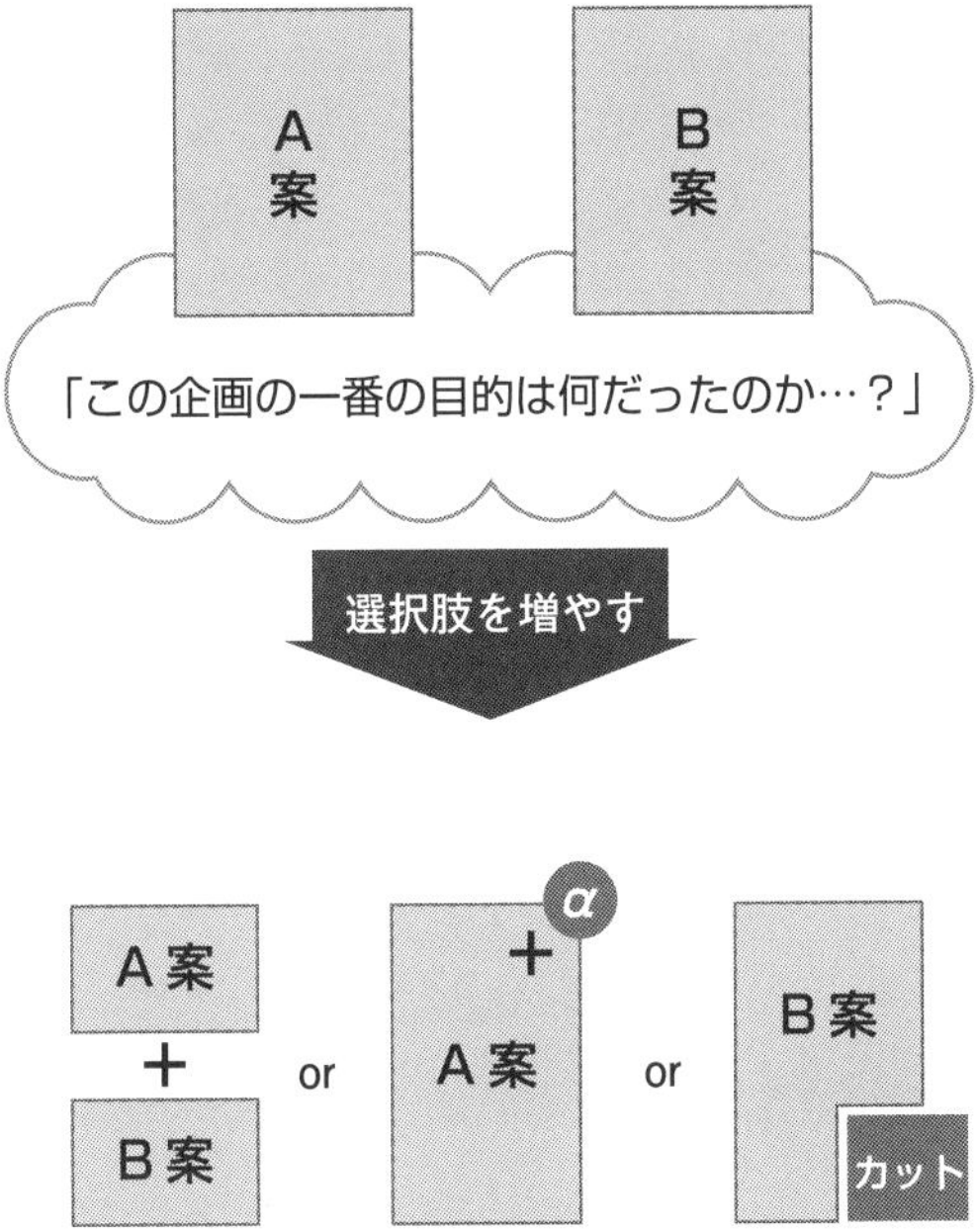

原案に手を加えて選択肢を増やし、ベストなものを選ぶ

問題を小さく分けて考える「スイス・チーズ法」の極意

■何から手をつけたらいいかわからない状況になったら……

日常生活でも仕事の場でも、何か1つのことを成し遂げるためにクリアしなければならないハードルはいくつもある。

だが「あれもやらなきゃ」、「これもやらなくては」と思いはじめると気持ちばかりが焦って、何から手をつけていいのかわからなくなってしまうものである。

こういうときには「スイス・チーズ法」で考えてみるのがおすすめだ。

何やらおいしそうな名前がついているが、これは心理学者のケネス・ウィクスレイとティモシー・ボールドウィンが提唱した、問題解決のための方法である。

そもそもスイス・チーズは店では小さくカットして売られているが、このチーズはもともとは大きな塊でつくられている。

当然のことながら、これをそのままかじろうとしても無理がある。しかし、小さな塊に切り分ければ、最後まですべて食べきることができるというのが基本的な考えだ。

これと同じように、大きな問題をそのまま解決しようとするよりも、いくつかの小さな問題に分割したほうが解決しやすくなるということである。

問題が小さくなれば、その分問題や課題も絞られてくる。つまり、効率のいい解決法が見つかるというわけである。

段階的に分割すると決断もスピードアップ

ところで、大きな問題をいきなり細分化するのはなかなか難しい。

そこで、まずはざっくりと大きな〝塊〟に分類し、そこからそれぞれをもっと細かい問題（塊）に分割していくといいだろう。大分割↓中分割↓小分割というように、段階的に塊を分割していくのである。

たとえば、「今日は何を食べようかな」と迷った場合、細かいメニューを思い浮かべても選択肢が多すぎて決断に時間がかかってしまう。

ここで、和食、洋食、中華と大きな分類をつくってやれば、最初は3択ですむ。そして、洋食を選んだ場合、今度はパスタ、ハンバーグ、オムライスなどのように、また細かく分割をしていけばいいのである。

問題は小さくなればなるほど、素早い決断を可能にしてくれるのだ。

▨スイス・チーズ法のメリットとは？

また、スイス・チーズ法を用いると、問題の分析がしやすくなるというメリットもある。

全体を1つの問題として抱えているときには、そのすべてが重要に見えてくるものだが、分割することによって、それぞれの要素の重要性や優先順位が明らかになる。すると、仕事の手順がはっきりしてくるのだ。

優先順位が高いものは真っ先に片づける必要があるし、重要度が低い問題は適度に力を抜くこともできるようになる。

あるいは、まったく別の問題だと思っていたことが、ひとつにまとめられることに気づくこともある。そうすれば、手間も時間も減らすことができるだろう。

また、分割した問題の中には、自分が苦手としているジャンルのものや、他の人に任せてもいいような仕事が見つかるかもしれない。そういうときには、仕事の一部を他人に割り振ることも可能になる。

大きな問題を分割・分析するには、ある程度の思い切りと決断も必要だ。失敗を恐れずにトレーニングを重ねていけば、判断力のスピードと精度がアップしていくはずである。

仕事が溜まっているのに、さらに新しい仕事が入ってきた。引き受けるのは物理的にムリだが、断るのは気が引けるし…、どうしよう…
決断できないときは…

決断できないときは問題を分割する

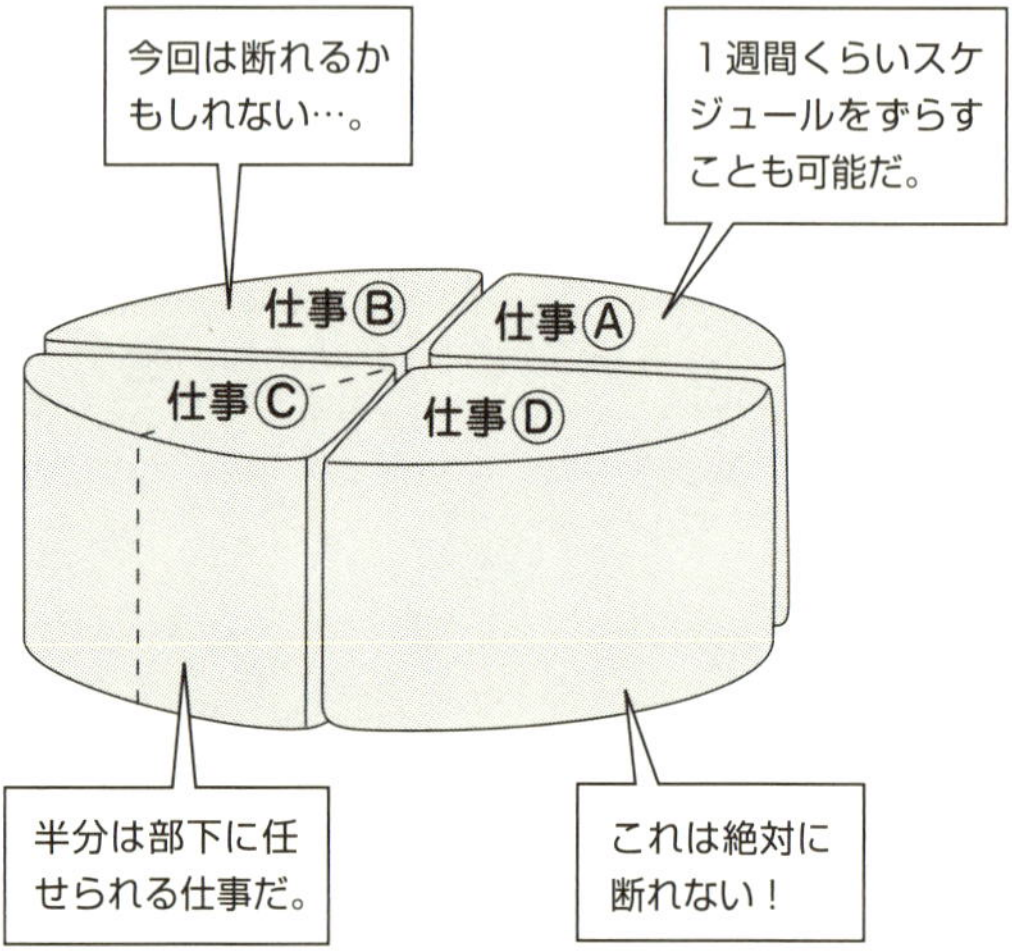

〈問題解決の優先順位〉

①自分でやらなければならず、自らスケジュールをコントロールできない仕事	→ Ⓓ
②自分でやらなければならないが、コントロールすることも可能な仕事	→ Ⓐ
③他の人にお願いできる仕事	→ Ⓒ
④後日、フォローが可能な仕事	→ Ⓑ

選択肢が多いときの決断法

誰でも選択肢が多ければ多いほど、１つに決められないものだ。しかも、その１つひとつに複数の判断材料があると、考えれば考えるほど迷いが生じ、なかなか決断に至れない。そんな堂々巡りに陥ったときは、いったんその問題から離れて周囲との距離感を意識するといいだろう。

決断に迷いや不安が生じるのは、相手の決断を意識するからだ。自分はこうしたいが、相手はどのような行動に出るだろうか、と悩んでしまう。そこでいったん問題から身を引いて、客観的な気持ちで選択肢を眺める。そうすれば、自ずとどれが適切な選択肢なのかが見えてくるのだ。

〝間違った地図〟で進むのを避けるための「2つのチェック法」

あなたの思考力を試す1つの質問

たとえば、道に迷ってしまったとき、あなたはどういう行動をとるだろうか。

「とにかく進んで行く」、「人に道を尋ねてみる」、「来た道を引き返す」など、答えは人それぞれだろう。

だが、ビジネスにおいては、迷いながら、しかもやみくもに進むのは禁物だ。

人は何か問題が起きたとき、「これではまずいかな」と思いつつも、代替案が見つかるまではなかなか中止することができないものだ。

しかし、問題が起きたということは、手元の地図が正しくなかったということ。そのまま歩いていっても目的地にはたどり着けないだろう。

こんなときには、即座に歩みを止めることが肝心だ。正しい地図はそれから手に入れればいい。そうでないと、的確な判断や決断もできなくなるからだ。

判断を惑わせる認知的不協和とスキーム

ところで、人間には不都合な事情は目に入れない「認知的不協和」という性質がある。たとえば、大金をつぎ込んで運用している株が下がっていても、「きっともうすぐ上昇するに違いない」と思い込んでしまうといった具合だ。

この認知的不協和が発生すると、本来ならすぐに手放すべき株をいつまでも持ち続け、さらに損を重ねてしまうのである。

また、過去の図式、いわゆるスキームにとらわれる傾向もある。

ある方法で成功した経験があると、「あのときはこの手法でうまくいったのだから、今度もそれでいけるに違いない」という先入観にとらわれてしまう。すると、状況がすでに変わっていることに気づかず、失敗してしまうというわけだ。

何をするにしても、失敗したくないのは当然である。しかし、失敗を恐れるあまり、手をこまねいていることこそが大きな決断ミスにつながるのだ。

持っている地図が正しくなかったときの対処法

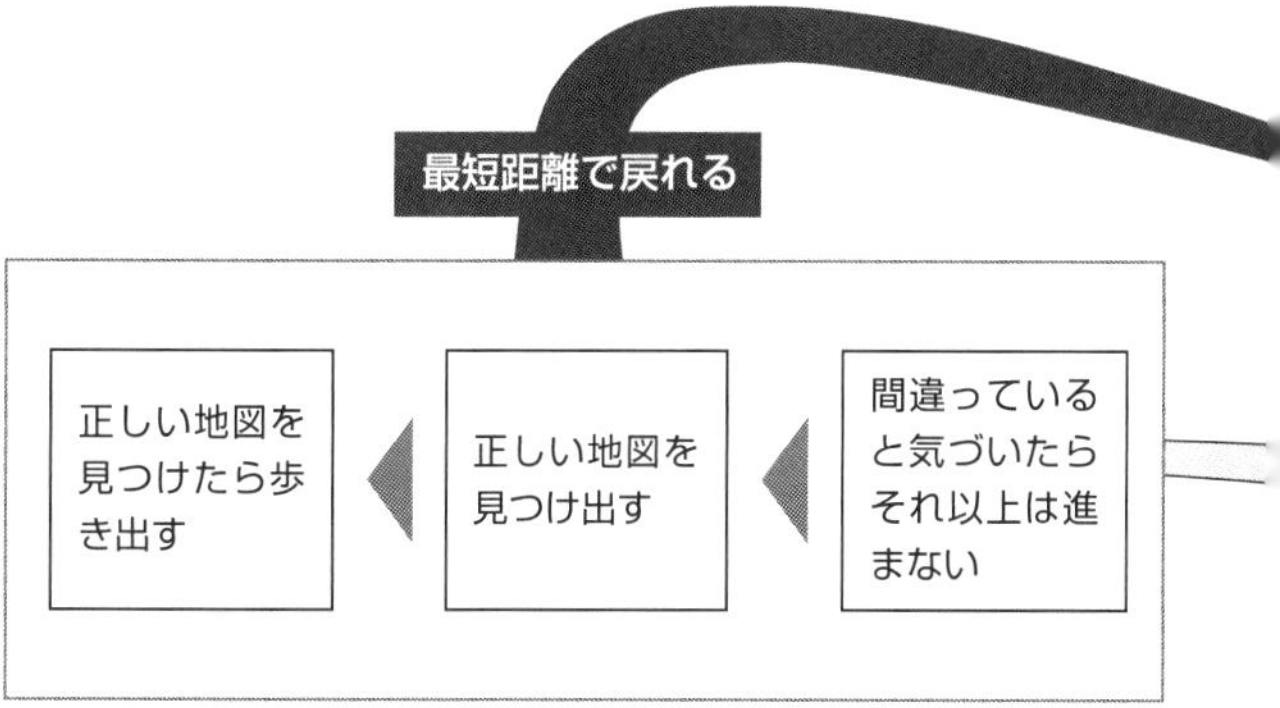
最短距離で戻れる
正しい地図を見つけたら歩き出す
正しい地図を見つけ出す
間違っていると気づいたらそれ以上は進まない

“書く”トラブル対処法

トラブルが起きたときに一番大切なのは、とりあえず冷静になることだ。担当者がパニックに陥ってしまったら、解決の糸口は見出せなくなる。

複雑に絡み合ったトラブルをスムーズに解決するためには、まず「書く」ことから始めたい。トラブルに関することをすべて書き出すことで、とりあえず頭の中の混乱を収めることができるからだ。また、書き出すことでこれからやるべきことの優先順位も自ずと見えてくる。

トラブルだけでなく、問題が山積みで考えがまとまらなくなったときにもこの方法は効果的だ。まずは問題を１つひとつ紙に書き出して、それらの問題を意識して、単純化することから始めよう。

〝お宝〟はどこにある？「情報分析」の秘密のツボ

■新聞は2紙を併読したほうがいい理由

あなたは毎日、新聞を読んでいるだろうか。なかには、「目を通すのはスポーツ欄とテレビ欄だけかなあ」などという人もいるかもしれない。

しかし、ビジネスにおいて情報は貴重な財産だ。今、何が起きているのか鮮度のいい情報を得るためにも、新聞には毎日必ず目を通しておきたいものである。

しかし、その情報を的確に分析するには偏った見方は禁物だ。とはいえ、3紙も4紙も購読する必要はない。2紙で十分だ。

ただし、この2紙は「性質の異なったもの」という条件がつく。たとえば、朝日新聞と日本経済新聞、読売新聞とスポーツ新聞といった組み合わせである。

同じニュースを扱っていても、それぞれの視点や取材方法で記事が書かれているので、読み手としては多面的な解釈ができるからだ。

また、さまざまな紙面を熟読する一方で、興味を持った記事や社説・コラムなどに焦点を当てて読むという方法もある。

あるいは、関心のある情報は切り抜いてスクラップをしておくのもいい。識者のコメントなどもストックしておけばいっそう理解も深まるだろう。

こうした読み方をするためにも、できるだけ新聞をきちんと読む時間を確保したいところだが、どうしても時間がないのならせめて見出しやリードだけはチェックするようにしたい。

政治情報が気になるなら日曜は早起きする

ところで、情報を手に入れるメディアとしてはテレビもある。新聞よりもテレビを観るほうが多いという人も少なくないだろう。

テレビではいろいろな番組が放送されているが、政治情報を得たいなら日曜日の朝の番組は要チェックだ。

さまざまなメディアを見比べる、読み比べる

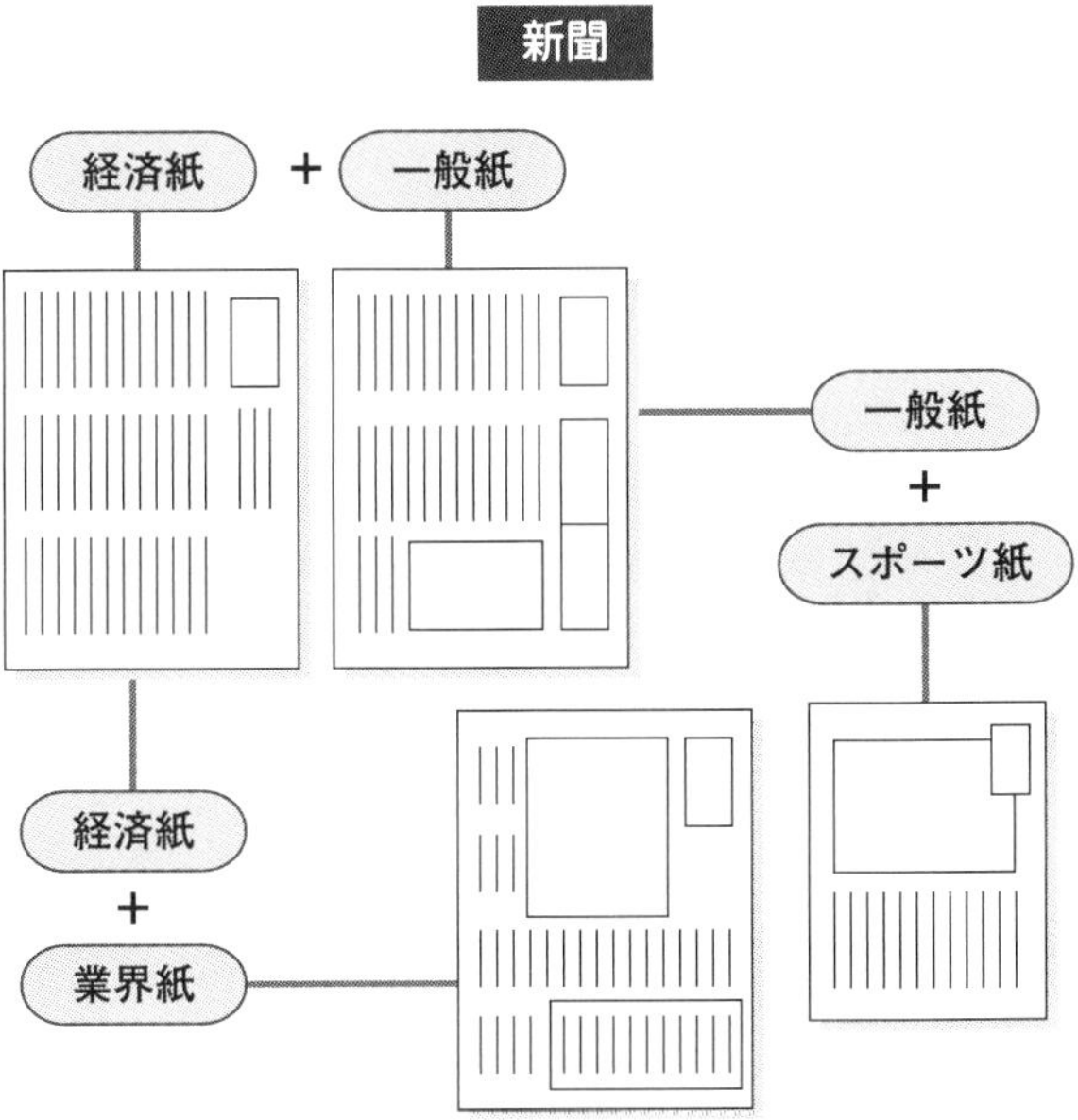
新聞
経済紙
＋
一般紙
一般紙
＋
スポーツ紙
経済紙
＋
業界紙

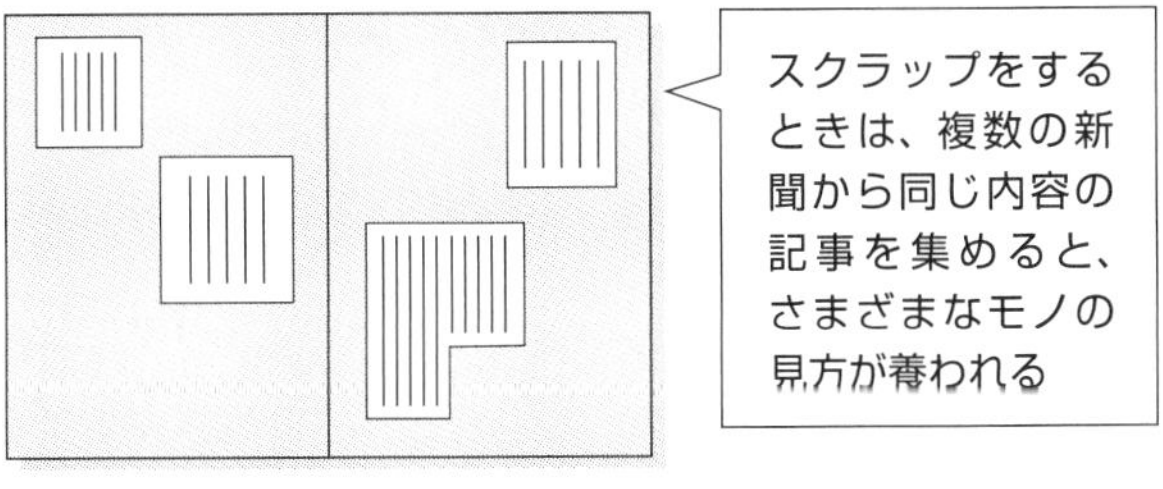
スクラップをするときは、複数の新聞から同じ内容の記事を集めると、さまざまなモノの見方が養われる

日曜日の午前中は、各局で政治家や政治評論家などが登場して討論を行う番組が放送されている。これらの番組は、各党の責任者や閣僚などの生の声を聞ける貴重な場なのだ。

激しいやりとりの最中には思わず本音がこぼれることもある。しかも、政治家の表情や口調までもがあらわになるのだから、情報の信憑性も同時に確認できることになる。

もちろん、ふだんのニュースもさまざまな情報を伝えてくれる。だが、情報をそのまま鵜呑みにしてしまうのは危険だ。

とくに、アナウンサーが原稿を読むだけのニュースより、いわゆるキャスターが独自の視点で切り込む番組のほうが面白く感じるものだ。しかし、それはあくまでもキャスターの一方的な見方になっているかもしれない。

それに、テレビはどうしても「一部分」を切り取った放送になる。たとえばインタビューでも、その前後を聞けば、まったく違った側面が見えてくることもあるのだ。

どんなメディアであれ、事実を正確に把握したいなら広い視点からの分析が必要となってくる。

■本を編集して分析力をつける

さて、鮮度という点からいえば、テレビや新聞には及ばないものの、本から得られる情報も見逃せない。

インターネットの普及で活字離れがさらに加速している昨今だが、読書は分析力を高めるトレーニングにもなるのである。

といっても、読み方には工夫が必要だ。

趣味として読む本ならば、じっくりと楽しみながら読んでもかまわない。しかし、そこから何かを学ぼうとするビジネス書などの場合には、熟読するのではなく、ざっとでもいいから何回も読み直すことが大事だ。

1回読んだだけでは理解できなくても、何回も繰り返し読むうちにわからないことが鮮明になってくることも多い。それに、理解度が深まることで新たな発見もあるかもしれない。

そして、その本の中から自分に必要な情報をピックアップしていくのである。

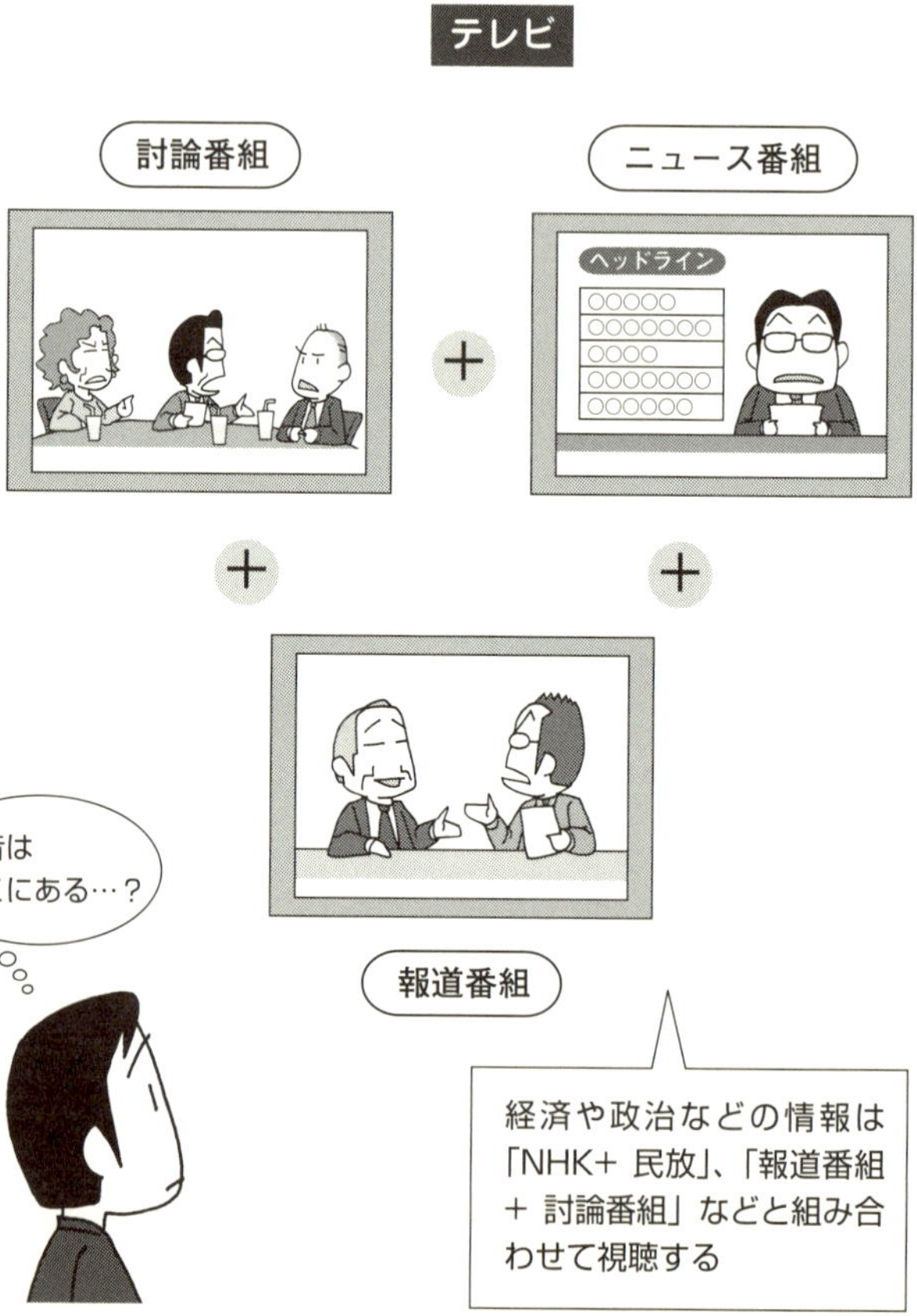
テレビ
討論番組
ニュース番組
ヘッドライン
○○○○○
○○○○○○○
○○○○
○○○○○○○
○○○○○○
報道番組
本音は
どこにある…？
経済や政治などの情報は
「NHK+ 民放」、「報道番組
+ 討論番組」 などと組み合
わせて視聴する

書籍

参考文献として使いやすいように「編集」する

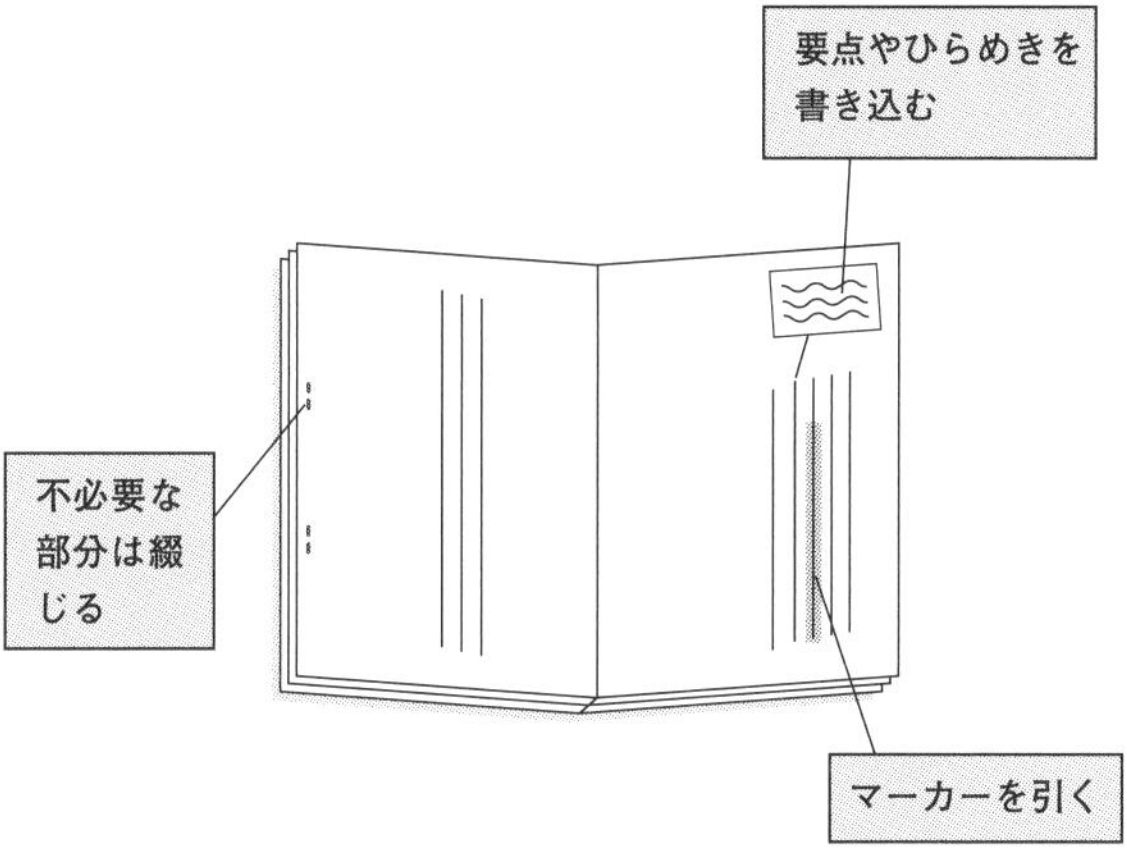

要点やひらめきを書き込む
不必要な部分は綴じる
マーカーを引く

〈書籍から効率的に情報を得るために〉

- ざっと読む
- 何度も読む
- 不必要なページは綴じる
- 書き込む

それには、編集をするような気持ちで読むことが大切だ。本はノートと同じだと思ってどんどん書き込みをしていこう。

必要がないと思った部分や、すでに知っている情報には線を引いて消してしまう。それが何ページにもわたるなら、ホッチキスやテープで綴じてしまってもかまわない。

逆に、重要な部分や役に立つ情報は赤字で囲んだり、あるいはマーカーで色をつけるなどして目立つようにしておく。

さらにマーカーを使って、ピンクは最重要事項、ブルーは疑問点といった具合に目的別に色分けをするのもいいだろう。

また、本の上下左右には余白もある。ここには自分の意見や留意点などをメモしておくといいだろう。

こうすれば自分だけの本が編集できるし、多くの情報の中から自分に必要な情報を取捨選択する作業もできる。結果的に、分析力を高めることにつながっていくのである。

Judgment & Analytical Skills & Strategy

物事の本質が一瞬でつかめる「5W繰り返し法」とは？

英語の「5W1H」とは違うビジネスの「5W」

学生時代、英語の時間に登場した「5W1H」を覚えているだろうか。「When（いつ）、Where（どこで）、Who（誰が）、What（何を）、Why（なぜ）、How（どういうふうに）」という疑問形の基本である。

ところが、ビジネスの世界の「5W1H」はちょっと違う。5つのWすべてが「Why」なのだ。

これはトヨタなどで用いられている方式で、何か問題が起きたときには、「なぜ」を5回繰り返せという意味なのである。

ところで、これほどしつこく原因を追求するのにはわけがある。

トラブルが発生したり、問題に直面したときには、誰でも1回は「なぜ、こんなことが起きたのだろう」と考えるものである。

しかし、ここで思考を止めてしまうと、問題の本質を見落としてしまう恐れがあるのだ。

たとえば、機械が故障してしまったとき、すぐさま「メンテナンスが行き届いていなかったことが原因」だと結論づけたとしよう。

ここで修理を行えば、一応の解決にはなる。だが、メンテナンスが行き届かない背景には、じつは、それを引き受ける部署の人員が足りなかったり、点検回数が少なかったりという潜在的な問題が潜んでいるかもしれないのだ。

そこで「なぜ」を5回繰り返せば、問題を深く掘り下げることになり、根本的な解決につながるというわけである。

ふだんの生活にも「5W繰り返し法」を取り入れる

この「5W繰り返し法」は、日常の生活の中でも訓練することができる。

身近な例で考えてみよう。まず、あなたが上司に提出した書類で、計算ミスをしてしまったとする。ここから、「なぜ」を5回繰り返していくのだ。

・なぜ、計算ミスをしたのか↓二日酔いだったから。
・なぜ、二日酔いだったのか↓ゆうべ飲みすぎたから。
・なぜ、飲みすぎたのか↓ストレスがたまっていたから。
・なぜ、ストレスがたまっていたのか↓雑用が多すぎるから。
・なぜ、雑用が多いのか↓人手が少ないから。

ここまで掘り下げると、計算ミスの根本原因は人手が足りなかったことだというのが判明する。

すると、「どうすればいいのか（How）」も明確になり、たとえばアルバイトを雇って雑用はそのアルバイトに任せようという解決法が導き出される。

こんなふうに、日々の小さなことでも「５Ｗ」で問いかける習慣をつけていくと、物事を深く分析できるようになるのである。

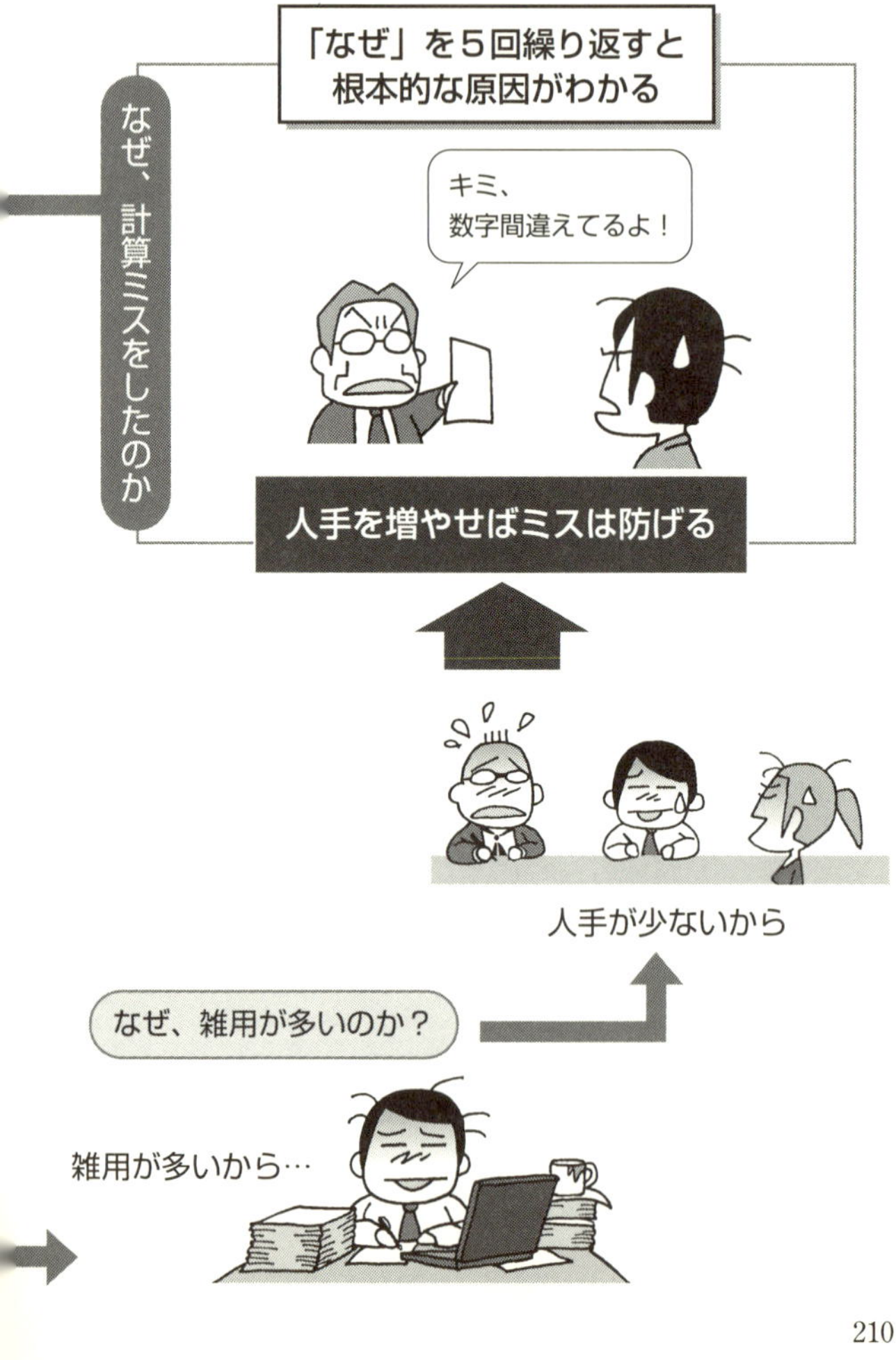
「なぜ」を５回繰り返すと
根本的な原因がわかる
なぜ、計算ミスをしたのか
キミ、
数字間違えてるよ！
人手を増やせばミスは防げる
人手が少ないから
なぜ、雑用が多いのか？
雑用が多いから…

二日酔いだったから…

なぜ、二日酔いだったのか？

ゆうべ飲み過ぎた

なぜ、飲みすぎたのか？

ストレスがたまっていた !!

なぜ、ストレスがたまっていたのか？

「高・極・広・融・深」で探す自分だけのキーワード

多面的な視点からの分析を可能にするキーワード

考えが漠然としてまとまらないときに有効なのが、キーワードを使って考える方法だ。いくつかのキーワードを軸にすると、多面的な見方ができるようになり、その事柄について理解を高めることができるようになる。

たとえば、ビジネスの場で最もポピュラーなキーワードといえば、「人・モノ・金」が挙げられるだろう。ひとつの問題について、この3つの視点から考えていくのである。

また、最近の産業界では「美感遊創」がキーワードになっている。美しさ・感性・遊び心・創造性の4つに焦点を当てて、経営戦略や商品開発を考えているのだ。

独自のキーワードの見つけ方

このような既存のキーワードを用いることもできるが、さらに優れた分析力を身につけたいなら自分だけのオリジナルのキーワードを持ちたいところだ。

とはいえ、キーワードというのは、それ自体を生み出すことが難しい。

そこで、独自のキーワードを見つけるために「高・極・広・融・深」の「５力」を利用したい。これは、「高い視点でものを見る」「極限で考える」「広い視野を持つ」「複数の要素を融合する」「１点に深く集中する」ことを指している。

こうした視点にこだわって、自分なりのキーワードを見つけていくのである。

たとえば、ミカンについて考える場合、「色・形・味」程度のキーワードがあればいいのであって、「ミカン科ミカン亜科ミカン属の樹木で……」などという詳細情報までチェックする必要はないのだ。

そのうえでオリジナルのキーワードは何種類あってもいい。いくつかのパターンがあれば、それだけ思考の幅も広がっていくからだ。

こうして自分だけのキーワードを持てるようになると、いつの間にか高い分析力も身についてくるのである。

「5力」を使ったオリジナル・キーワードの作り方

〈一般的なキーワード〉

・果物

色・味・形

・自動車

安全・環境・楽しさ

・テレビ

薄・美・エコ

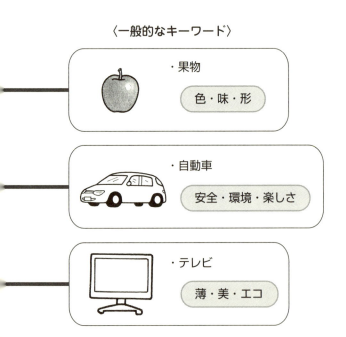

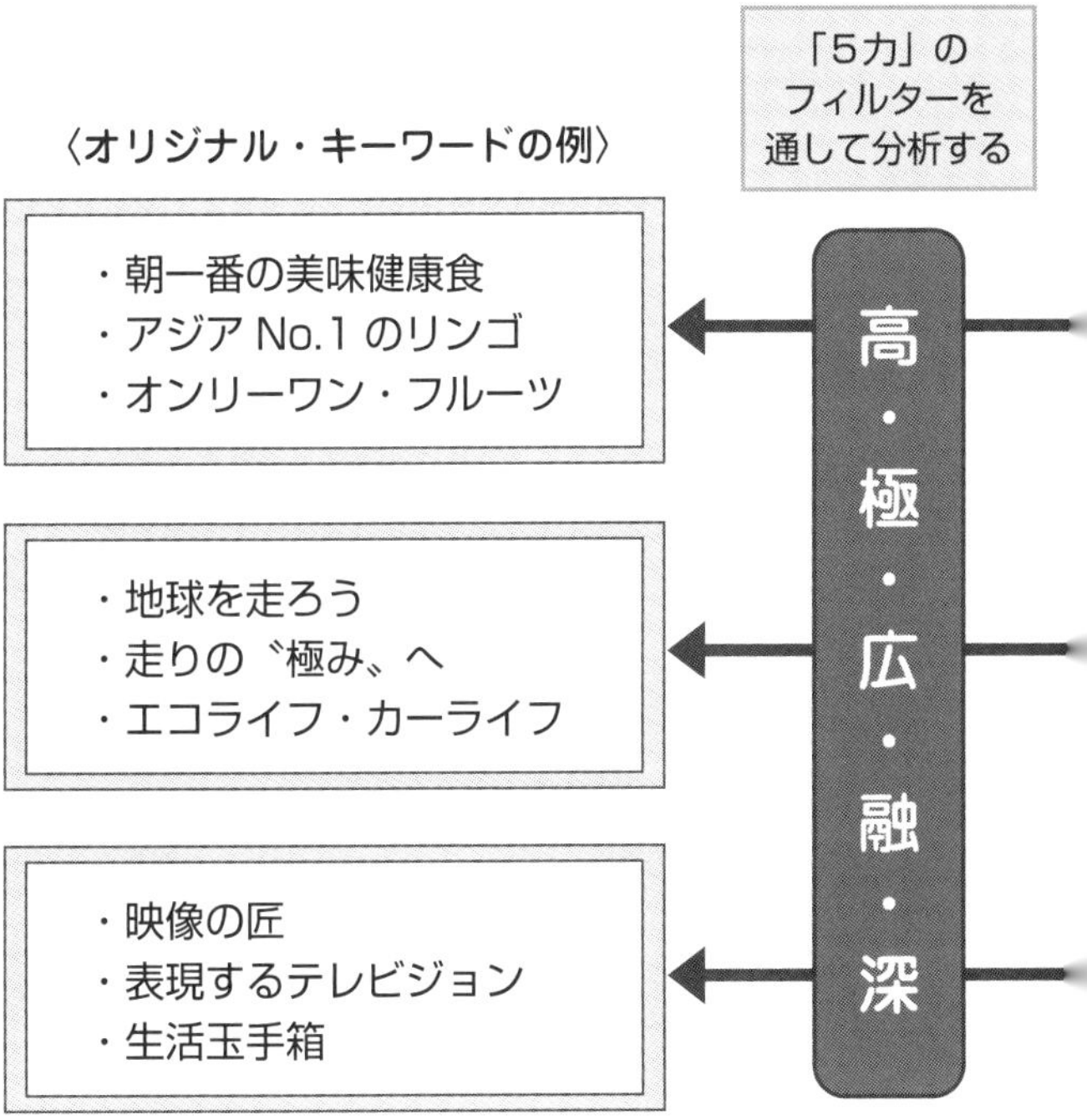
「5力」の
フィルターを
通して分析する
〈オリジナル・キーワードの例〉
・朝一番の美味健康食
・アジア No.1 のリンゴ
・オンリーワン・フルーツ
・地球を走ろう
・走りの〝極み〟へ
・エコライフ・カーライフ
・映像の匠
・表現するテレビジョン
・生活玉手箱
高・極・広・融・深

問題の「可視化」が、単なる幸運を必然の成功に変える！

■次なる成功へとつながる原因の追求と分析

人は失敗したときには反省したり、原因を調べたりする。しかし、成功したときには「よかったな」と喜ぶだけで終わってしまうことが多い。

ところが、成功したときこそ成功要因の分析が大切になってくるのだ。

ひと口に成功といっても、その理由はさまざまである。緻密な計画が功を奏したケースもあれば、単なる幸運に恵まれただけということもある。

そうした成功の要因を多面的な視点から分析し、さらには書き出してみるといい。

このように〝可視化〟してみると、成功の陰に隠れて見えなかった問題点や不安要素をあぶり出すことができるのだ。

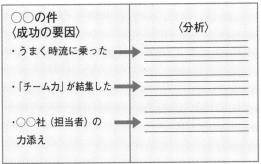

成功はすべて書き出す

○○の件 〈成功の要因〉	〈分析〉
・うまく時流に乗った →	
・「チーム力」が結集した →	
・○○社（担当者）の力添え →	

「なぜ成功したのか」、その要因を書き出して自己分析をしておくと、今後のさらなる成功に結びつく

インターネット、新聞、テレビ…いらない情報を「捨てる技術」

■情報は収集するだけでは意味がない

われわれを取り巻く情報量は膨大で、しかも新しいネタが次々と登場してくる。ビジネスチャンスを逃さないためにも、せっせと情報収集に励む人もいるだろう。だが、その時々で必要なネタは限られているはずだ。情報はやみくもに集めるよりも、そこから重要なものだけを瞬時に見抜くことが大事なのだ。

そのためには、情報を「集める」のではなく、「捨てる」ことを心がけよう。自分なりの価値判断というフィルターを通して取捨選択し、必要な情報だけを残していくのだ。

これを続けることで、使える情報を選ぶ眼が鍛えられていくのである。

大量の情報は不必要

新聞、雑誌の切り抜き

録画したテレビ番組

ネットの「お気に入り」サイト

情報は集めすぎると使いモノにならない

取捨選択

- ●自分のキャパシティを超えた情報は集めない
- ●記憶に留めておける情報は取り置かない
- ●何に必要かが明確でないものは切り取らない

「長期的視点」と「短期的視点」を持つと、何が変わるか

常に決断を求められる現代

ビジネスシーンから日々の暮らしのほんの些細なことまで、私たちは常に大なり小なり何らかの決断を迫られている。

そこで、その局面が重要であればあるほど決断を急がずに複数の選択肢を持って対処したい。

それには、短期的な視点から考えたものと、長期的に考えたものの2つの案を用意したい。そうして、それぞれの選択肢を見比べて状況に応じて見直しをかけながら、最終的に冷静な決断を下すようにするのだ。

▨あえて異なる意見を持つべき理由とは？

たとえば、マンションを購入すべきか迷っている夫婦がいるとしよう。いい物件はないかと不動産屋に行ってみると、すぐにある物件を紹介された。

その物件の月々のローンを計算してみると支払い額は今の家賃よりは少し高くなるのだが、〝自分の城〟には代えがたい魅力や安心感がある。「短期的」に考えると少しでも早く買ったほうがいい。

しかし「長期的」に考えると、できるだけ頭金を貯めてローンの支払い期間を短くするほうが、トータルの支払い額は抑えることができる。また今後、より希望の条件に近い物件が見つかる可能性もあるだろう。それらを考慮して、もうしばらく賃貸に住み続けるという選択肢もあるのだ。

この場合、最終的にどちらを選ぶかは人によって異なるだろうが、いずれにしても、大切なのはこのように相反する視点を常に持ち、そのメリットとデメリットを意識して判断を下すことなのである。

とくに仕事においては、こういった短期的視点と長期的視点を頭において、先々を見すえた戦略を立てることが欠かせないのである。

長期的視点の中に短期的視点がある

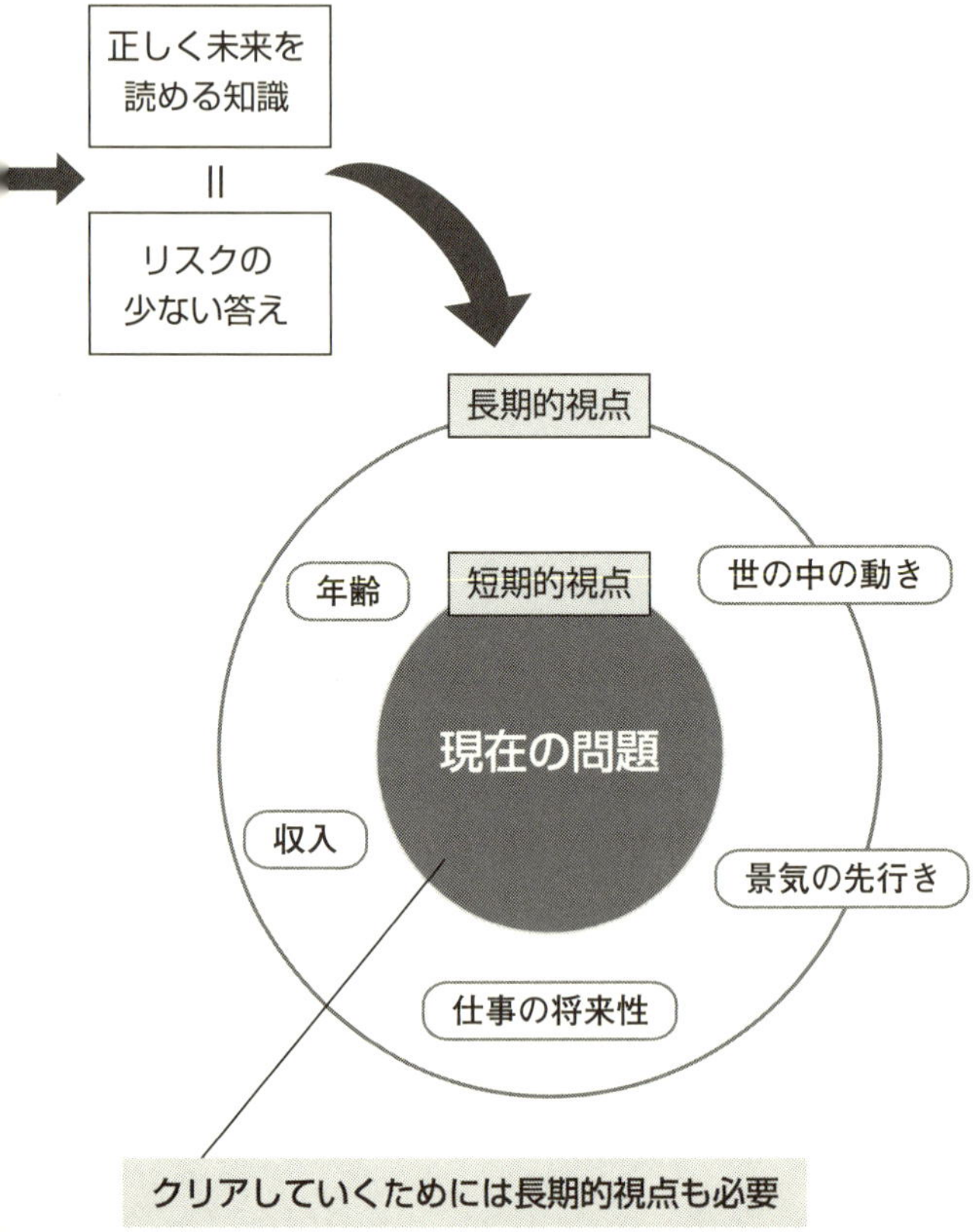

長期的な視野を持つためには？

・新聞を読み、長期的なトレンドを感じる力を養う

・自分とその周辺の将来についての道筋を描く

・すべての選択肢に対して、メリットとデメリットを考える

長期的な視点を持たない、その場限りの問題解決の場合

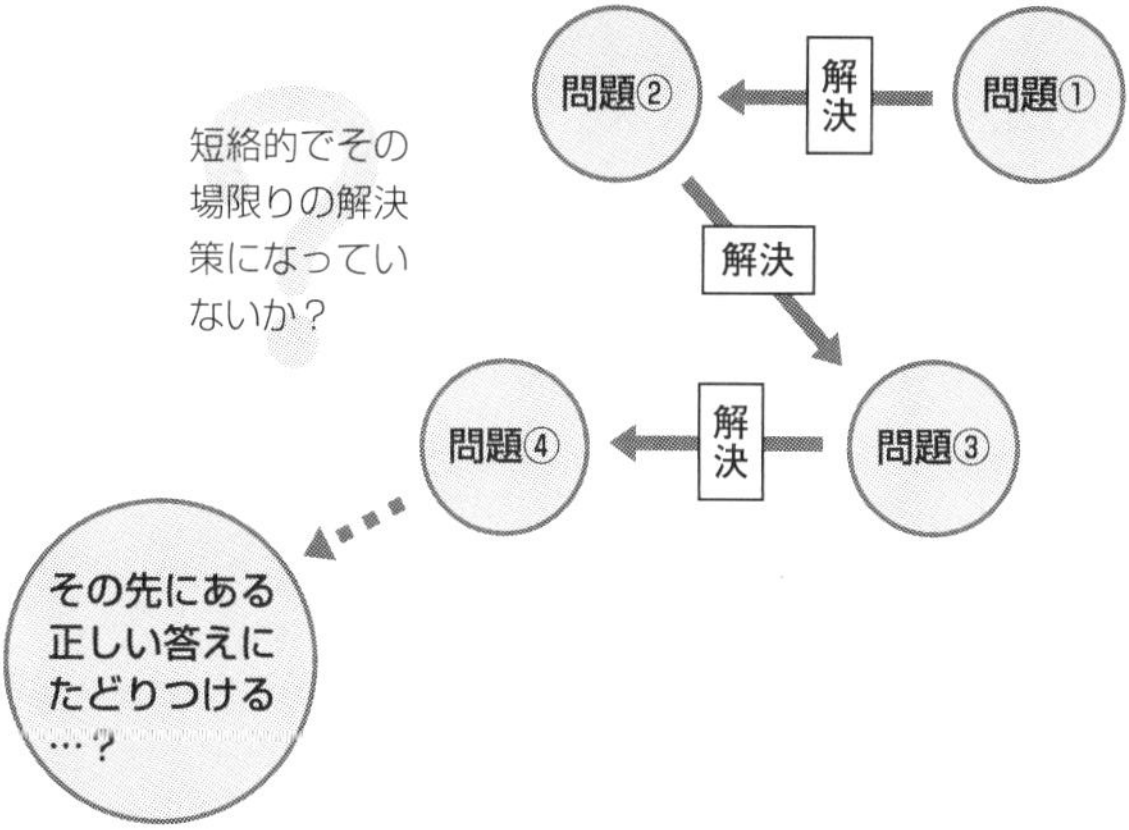

自分をチェックするには「メタ認知」が効く！

■「認知を認知する」と何が変わるか

仕事が楽しければ集中力は自然と高まるものだ。ところが、あまりにも夢中になりすぎてしまったがために、気がつくと決められていた期日や予算を完全にオーバーしてしまっていた、という笑うに笑えない状況に陥ったことはないだろうか。

また、徹夜を繰り返すなど無理がたたって体調を崩してしまい、結局は仕事を成し遂げることができなかったという話もよく聞く。

そんな人は、常に客観的に自分をチェックする〝もう1人の自分〟の存在を意識して自分自身を冷静に分析するといい。

これは、認知心理学で「メタ認知」と呼ばれている方法だ。

「メタ」には、「超越したもの」「高い次元のもの」という意味があるが、メタ認知とは、記憶する、理解する、問題を解決するといった、まさに今自分が行っているさまざまな認知活動をさらに認知するという意味が含まれる。

たとえば、このメタ認知を行うことで、「強い言葉で反論されると、ついムヤになってしまう」とか、「急いでいると必ずといっていいほど何か忘れ物をしてしまう」など、自分の考え方や陥りやすい失敗の傾向を把握し、それらを事前に予測することができるようになる。

そうすることで大きくブレることなく、目的とするゴールにたどり着くことができるようになるのだ。

■これなら自分の傾向がひと目で把握できる

ところが、自分で自分を客観的に見ることはそう簡単にできるものでもない。そこで、このメタ認知を行う具体的な方法をいくつか紹介しよう。

まず、手始めに「第三者に評価してもらう」ことだ。

会社の上司や先輩など、ふだんから仕事などで行動を共にしている人に自分に対する意見を求めてみよう。家族や友人よりは、第三者として自分と関わっている人のほうが率直な意見をくれるはずだ。

次に、自分で行えるものとして「日記をつける」という方法がある。毎日の自分の行動を日記に詳細に記録していけば、過去の失敗から自分の傾向を学ぶことは可能になるというわけだ。

とはいっても、自分の失敗を赤裸々に日記につづり、それをあとから読み返すというのもなかなかつらい作業である。

そこで、自分の失敗のパターンを簡単なリストにして、チェックリストとして手元に置いておくという方法もある。そのリストを時々見返すことで、自分の認知行動を矯正していけばいいのだ。手帳に書いておいたり、こっそり見返すのもいいだろう。

忙しい毎日では、目の前の事を追うばかりで物事を俯瞰して見ることは難しい。そこで、このメタ認知を行うことで、自分が犯しやすい失敗をあらかじめ回避することができるようにするのである。

自己分析してコントロールすれば失敗は防げる

自分の「失敗パターン」に基づいて
〝もう１人の自分〟がチェックする

・あわてると数字の間違いが多い
・気持ちが入り込み過ぎると、考えが飛躍する
・自信がないと表現が大げさになる

…など

▲

常に冷静な自分を３割残しておく

できるリーダーが実践する「三現主義のメソッド」とは？

■多くの企業で提唱されている三現主義

日本を代表する自動車メーカーのひとつであるホンダの創業者の本田宗一郎氏は、「現場に行くこと」「現物（現状）を知ること」「現実的であること」の3つを常に自らの行動の指針としていたという。

自動車修理工からそのキャリアをスタートさせたという、いかにも技術屋らしい行動的な人生訓である。

そんな「現場」「現物」「現実」の3つの〝現〟を重視する考え方は「三現主義」といわれるもので、今でも多くの企業で提唱され、実践されている。

その一方で、ＩＴ革命などの技術革新により高度な情報ネットワーク網が整備された現在では、現場に行って直接現物や現状を観察するまでもなく、集積されたデータをはじめとした多くの情報から現場の状況が手に取るように把握できるようになった。

だが、そこには思わぬ落とし穴がある。

さまざまなトラブルも回避できる

たとえばある食品メーカーで、本社では工場から報告されたデータだけを頼りにして品質管理を行っていたところ、じつはそのデータは人為的に改ざんされたもので、やがて大きな問題につながってしまったとしよう。

とくに食品メーカーなどでは、一度消費者から失った信頼を取り戻すのはそう簡単なことではない。

早い段階で上層部が現場に出向き、現状をしっかり把握できてさえいれば、問題は最小限で抑えられたはずである。

もっと身近な話でもいい。体調不良などで会社を休むときに、そのことを上司に連絡するのはどうにも気が引けてしまうものだ。

そこで、その旨を上司に伝言してもらおうと、メールで同僚に送ったところ、じつはその同僚も休んでしまっていたために、結局は上司からお目玉をくらってしまった、ということもあり得る。

これも、メールや他の人に頼らず、最初から自分で上司にきちんと電話を入れておけばよけいな問題は起こらなかったはずである。

■便利さに頼りすぎては本質を見失う

利用することで効率がよくなる便利な情報やツール、システムは、身の回りにあふれている。

それらはおおいに利用すべきだが、あまり頼りすぎてしまっては、現実が見えなくなってしまう恐れがある。

だからこそ、三現主義は現代にあって必要不可欠な考え方なのである。

経営戦略は〝三現〟を直視して立てる

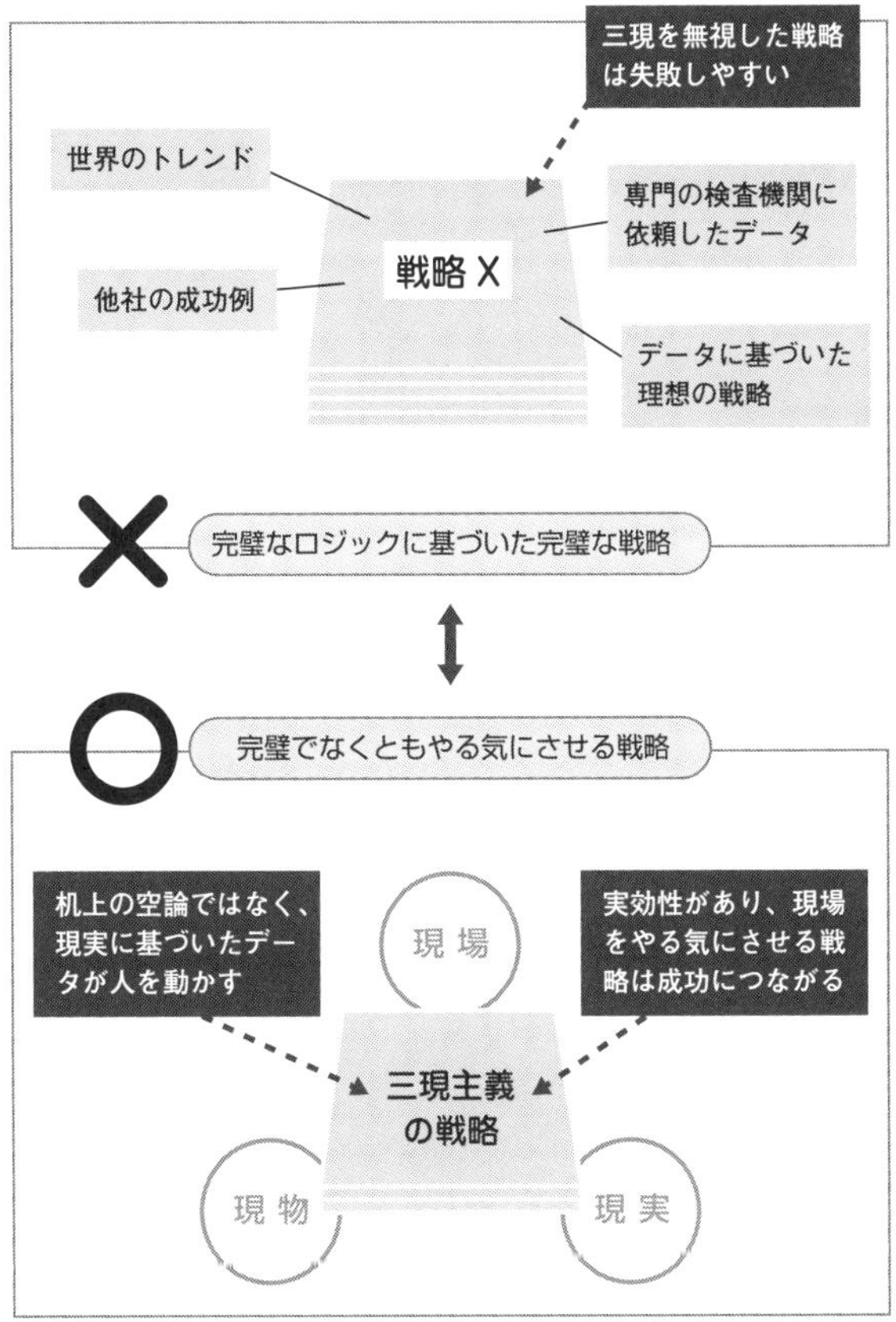

「フレームワーク」を使いこなしている人の共通点

かえって袋小路に入り込んでしまう

「SWOT分析」や「ブルー・オーシャン戦略」、そして「BSC（バランススコアカード）」や「コア・コンピタンス分析」。これらはビジネスパーソンなら一度は耳にしたことがあるポピュラーな「戦略フレームワーク」である。

戦略フレームワークとは、仕事におけるさまざまな戦略を立てるうえでの考え方の基本となるものだ。

たとえば、SWOT分析は戦略を立てるときの分析方法で「強み（Strengths）」、「弱み（Weaknesses）」、「機会（Opportunities）」、「脅威（Threats）」のそれぞれを分析することである。

このようなフレームワークは数百種類以上も存在するといわれているが、覚えたフレームワークをそのまま実践しようとしたばかりに、かえって結論にたどり着けないケースがあるので気をつけたい。

戦略そのものではなく戦略をたてるツール

フレームワークは、料理のレシピや数学の公式のように、当てはめさえすれば答えが導き出せるようなものとは一線を画すものだ。

あくまで、ビジネスにおける「戦略」を立てるうえでの〝とっかかり〟と考えるべきである。

一流のシェフが使うのと同じ道具と食材を集めても、料理の素人がそれを使うだけで一流の味を再現することはあり得ない。

それと同じで、現状をフレームワークにただ当てはめてしまうだけでは「戦略」にはならないのだ。

そもそも、業種や業界が異なれば戦略を立てるうえで考慮すべき数字やファクターは異なるものだ。

それをまったく同じフレームワークを使って解き明かそうとするから、無理が生じてくるのである。

オリジナルのフレームワークをつくろう

最近では戦略フレームワークそのものを不要だとする考え方もあるようだが、そこから学ぶことも多い既存のモデルケースをまったく無視する手はない。

一流のツールを利用することは、現状の自分には足りないスキルを補ってくれる、という効果も期待できるだろう。

たとえば、人気のiPhoneでは、仕事に使えるさまざまなフレームワークの解説を収録したアプリケーションが発売されている。

さらにこのアプリケーションでは、オリジナルのフレームワークを登録することもできるそうだ。自分の経験を活かした行動モデルを簡単に図式化できるとあって注目されている。

このように、既存のフレームワークを利用するだけでなく、解決できない部分は自分に合った形にチューニングして利用していけばいいのである。

自分なりに「フレームワーク」を使いこなす

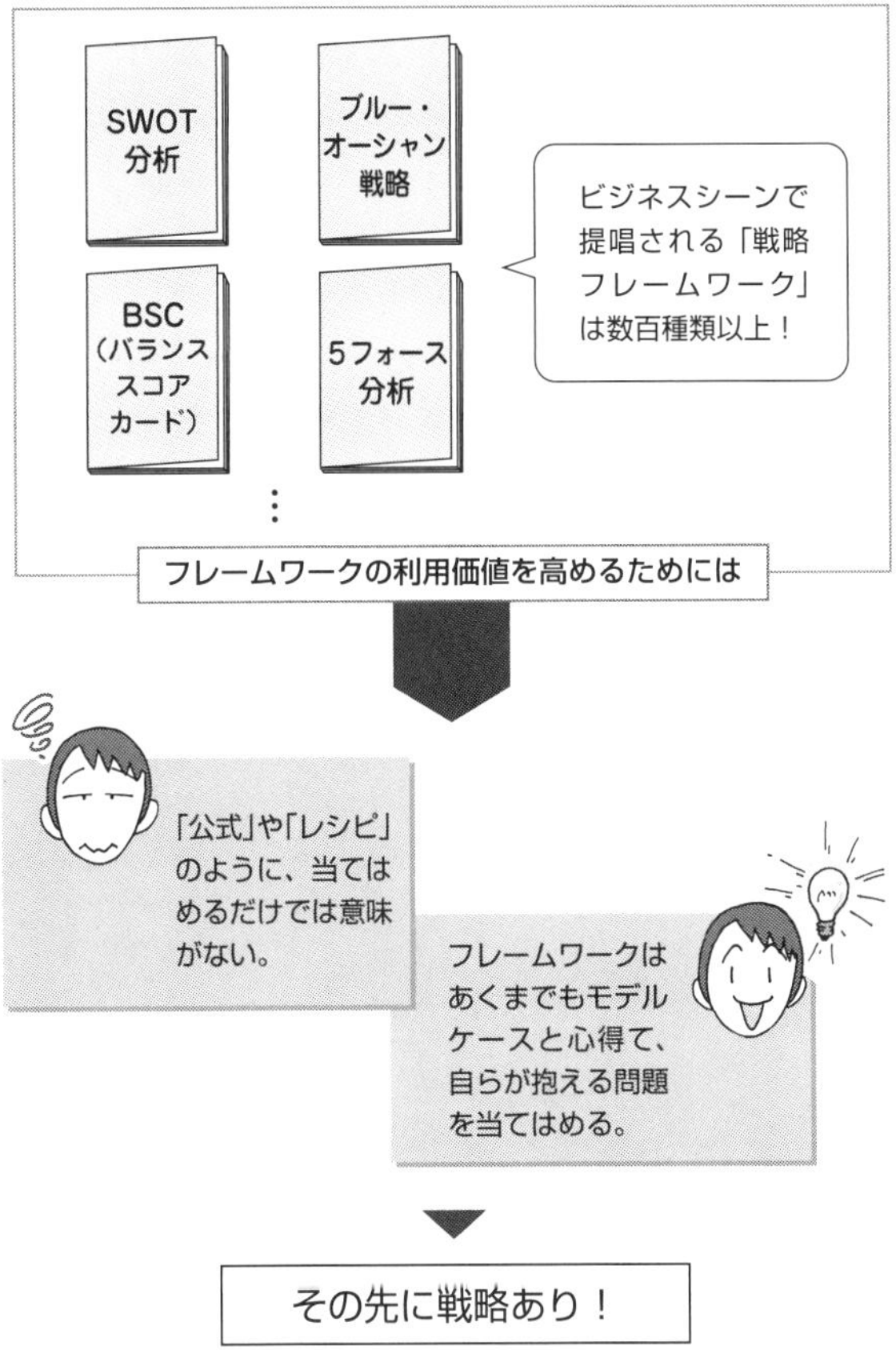

戦略力のある人は「3C」の視点を持っている!

3Cを意識して戦略を立てる有効性

フレームワークを利用して戦略を立てることで、仕事の確度はみるみる高まっていく。そんな有効なフレームワークの1つに「3C分析」がある。

3Cとは、「顧客（Customer）」、「競合（Competitor）」、そして「自社（Company）」の3つの観点から仕事を分析していくという考え方だ。頭文字にCがある単語が3つ並ぶことからこう呼ばれている。

たとえば、都心部に新たに高級ホテルをオープンさせるとしよう。そんなときにも、この3Cを意識して戦略を立てることは効果的なのである。

まずは、最初のCである「Customer」、つまり顧客の分析だ。

ホテルを利用する客の数や属性、地域構成などはもちろん、宿泊なのか、それともホテルのレストランやスパなどのサービスを利用するのかといった客の嗜好や、利用を決定するまでの予約方法のプロセスといった観点から分析する必要がある。

３つの〝C〟を関連づけてみると……

次に、「Competitor」だが、業界の状況や競争相手について把握しなくてはならない。

同じエリアにはどのような競合ホテルが営業しているのか、その利用客数や売上高からそれらのホテルの長所や短所まで細かく分析するのだ。

そして最後が「Company」、つまり自社の経営資源や体制の確認だ。売上高や市場シェア、抱えている人的資源から、顧客が抱く新しいホテルのブランドイメージまでを冷静に分析していくのだ。

また、競合他社と比較することによって、自社の問題点や特長を再認識することもできるだろう。

それでは、この３つの要素を実際に自分の携わっている仕事に置き換えて分析していく場合、どのような手順で行うべきかについて考えてみよう。

まずは、顧客と競合の2つのCについて客観的に分析することから始めることだ。そのとき、自分の経験や自社の状況はいっさい考慮しないようにする。

たとえば、「わが社の○○のサービスはとくに力を入れてキャンペーンを打ったので、女性ユーザーを取り込んでいるはずだ」などと自画自賛になってしまっては、市場の冷静な分析を行うことは難しくなるからである。

そのうえで、最後のCである自社についての分析を行うのだ。

どんなに市場におけるニーズの高さを読みとっても、自社でそれを提供できるかどうかは別問題だからだ。

このように3つのCから得られた分析結果は、それぞれを関連づけることでより強固な戦略を立てる柱となっていく。仕事の大小にかかわらず覚えておきたいキーワードである。

経営戦略の基本的なフレームワーク「3C」

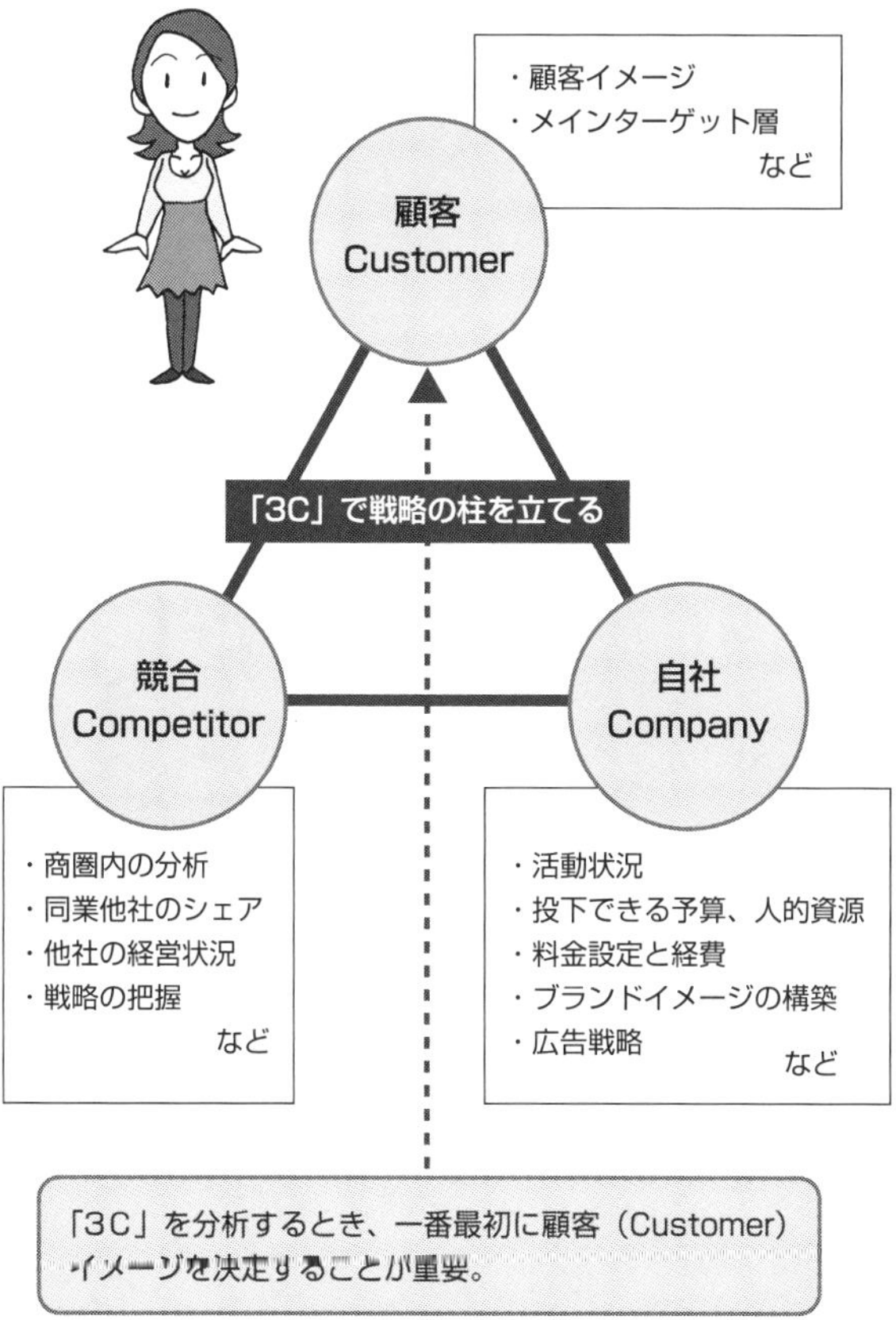

世の中の動きを確実につかむ「マーケティングの4P」とは？

精度の高いマーケティング、ムダに終わるマーケティング

これだけモノやサービスがあふれているなかで、やみくもに新商品や新企画を世に送り出したところで、それが大きなヒットとなる可能性は低い。

とくに、なかなか景気が波に乗らない現在の日本では、低価格の商品はすでに当たり前になっている。ただ安いだけでは顧客は見向きもしてくれないだろう。

そこで、どんな業界でもより精度の高いマーケティングが必要不可欠になってくる。そのときに覚えておきたいのが、「4P」というキーワードだ。

これは、「製品（Product）」、「価格（Price）」、「流通（Place）」、「販売促進（Promotion）」と、いずれも〝P〟を頭文字とする4つの言葉だ。

マーケティングを行うにあたっては、市場を形成するこれらの要素を常に頭の中において販売戦略を練りたいものだ。

■マーケティングの基本の「キ」をおさえる

たとえば、携帯電話の新機種を発売するとして、この4つのPからそのヒットの可能性を考えていこう。

まずは、中心となる「Product」。顧客が求めているコンセプトやデザイン、機能はどんなものだろうか。さらに、その機種を使うことで提供できる付加価値とは何かなどを分析していくことが求められる。

次に「Price」。収益を得るための販売価格や、ターゲットとする顧客層に合わせた価格設定など、さまざまな角度から検討する必要がある。

たとえば、事業者側が販売代理店に支払うインセンティブが廃止されたことによって価格が高くなっている携帯電話業界で、価格の割高感を抑える通話プランの料金設定は、詳細なマーケティング抜きでは考えられないだろう。

そして「Place」。つまり、どこでどのようにして売っていくのか。自社の系列販売店以外に、どんな店舗で売り出すのがベストな選択なのかを見極めるのだ。

最後に、売るために欠かせない「Promotion」だが、限られた広告宣伝費のなかでどういったプロモーションを行うのか。人気キャラクターやファッションブランドとのタイアップも検討の余地があるだろう。

このように、4Pのひとつひとつは業界や業種を問わず、どれも基本的なビジネスのファクターである。

それだけに、マーケティング戦略を立てるうえで漏れのないようにあらためて振り返りたいキーワードでもある。

ちなみに、この4Pというキーワードは長年実践されているなかで発展し、より顧客目線である「4C」というフレームワークが生まれている。

「顧客価値（Customer Value）」と「顧客にとってのコスト（Customer Cost）」、さらに「利便性（Convenience）」と「コミュニケーション（Communication）」という4つのCも覚えておこう。

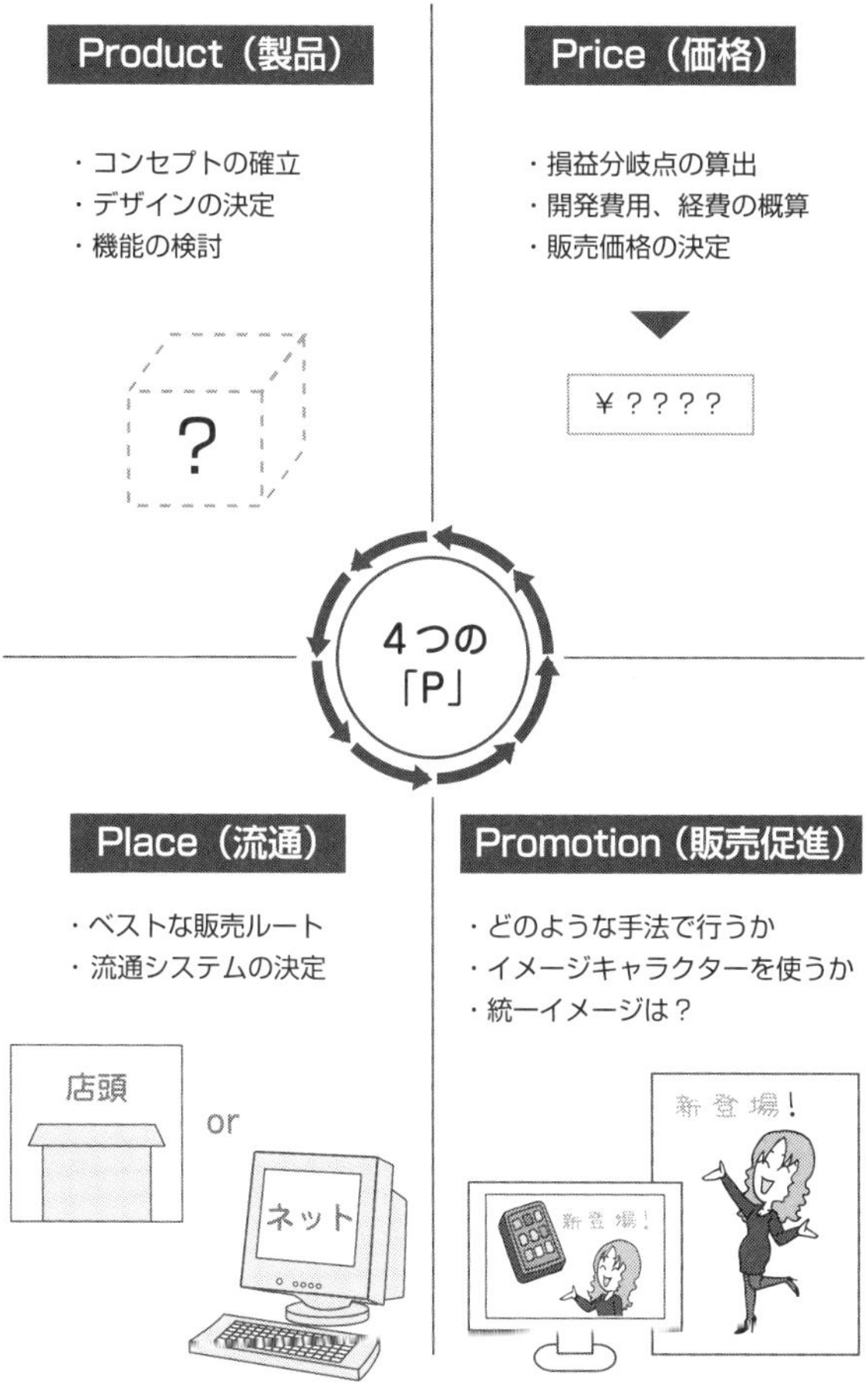
Product（製品）
・コンセプトの確立
・デザインの決定
・機能の検討
?
Price（価格）
・損益分岐点の算出
・開発費用、経費の概算
・販売価格の決定
¥？？？？
４つの
「P」
Place（流通）
・ベストな販売ルート
・流通システムの決定
店頭
or
ネット
Promotion（販売促進）
・どのような手法で行うか
・イメージキャラクターを使うか
・統一イメージは？
新登場！
新登場！

5

「メモとノート」で効率がアップする時間の習慣

思いっきり書き込むなら
メモ専用手帳が◎

手帳というと、スケジュール管理だけでなくメモ帳としても使うことはめずらしくないが、メモ帳としての使い方の比重が高い人は、とにかく手帳の中が乱雑になりがちだ。

見積りの金額から連絡事項、ふと思いついたアイデアまで、とにかく何でも雑然と書き込んでしまって、あとで見返したときにどこに何が書いてあるのかわからなくなってしまうことがある。

そこで、そんな人にはスケジュール用の手帳とは別にメモ専用の手帳やA6判のノートを持つことをおすすめする。

このメモ専用手帳には、「○月×日　A社　△△氏」などと、日付と、どこで誰と会ったかがしっかりわかるように明記したうえで、打ち合わせの内容や商談のメモ、覚え書き、次回の予定、企画のネタ、ちょっとした思いつき…など、とにかく自分が気になったことは何でも記録して残しておく。

そうして、その日のうちにこのメモ専用の手帳を見ながら、本来のスケジュール用の手帳のほうに必要なことだけを選別して書き写せばいいのだ。

たしかに二度手間にはなるが、こうすれば打ち合わせの内容を再確認することもできるし、スケジュール管理も万全となる。

締切りを二重チェックできるメモり方

忙しいときに限ってなぜか予定外の仕事が入りやすく、どうしてもスケジュール通りに仕事が進まなくなってイライラするものである。

かといって、締切りの期日が決まっている場合には「できませんでした…」ではすまされない。

そこで、期日までに確実に仕事を終わらせるための方法としてスケジュール帳の書き方をひと工夫したい。

締切りの日程をスケジュール帳に書き込むときに、締切り日の1週間前と2日前にも同じ内容のメモを同時に書き込むのである。

こうしておけば、ゆとりをもって1週間前から仕事に着手できるし、もし仕事が立て込んでしまって締切り日の1週間前に手がつけられなかったとしても、2日前にもう一度確認できるので確実にやり遂げることができる。

締切り日当日↓2日前↓1週間前と、同じことが3回も書いてあるので、忙しくて締切り日を忘れた、締切り日を勘違いしていたというミスを事前に防げるようになるのだ。

〝かもしれない予定〟は、ふせんにメモが鉄則

ポケットにすっぽりと収まるような小さめの手帳を愛用している人は多いが、そこに片っ端から書き込んでいくと、あっという間にページが文字で埋まってしまう。見づらいうえに、気がついたら書いたことの意味さえわからなくなってしまうことがある。

そんな失敗を防ぐためには、書き込む内容を「決定事項」と「未決定事項」とに分けるようにしたい。そして未決定事項は直接手帳に書き込まずに、ふせんに書いて貼っておくのだ。

たとえば、日時や場所がまだ決まっていない打ち合わせや、もしかすると自分が出席しなければならない商談など〝かもしれない予定〟はふせんにメモをする。そして、それが確定した時点でスケジュール帳に書き写し、ふせんは書き写した時点

で捨てればいいのだ。

　こうすることで、手帳が書き込みでいっぱいになって見づらくなることを防げるうえに、貼ってあるふせんの数を見れば未処理の案件がいくつあるかがすぐにわかってやり忘れることもないのである。

自分へのアポを手帳に書き込む

　自分の時間を持ちたい人には、自分に対してアポイントメントを入れておくことをおすすめする。

　たとえば「15日（金）18：00～20：00スポーツジム」などと、自分が決めた予定を前もって手帳に書き込んでおけば、それまでに仕事を終わらせようと集中して仕事もはかどるというものだ。

大切なのは、自分に入れたアポは急なスケジュール変更や、その日のうちにどうしてもやらなければならない残業でもない限り、絶対にキャンセルしないことである。自分の時間を持つことは、心に余裕を持つことでもあるのだ。

見開き単位で情報を圧縮処理するシンプルノート

新聞や雑誌などを読んでいて、仕事に使えそうなデータや資料などを見つけたときは、情報の量や質にかかわらず、その記事を切り抜いたりコピーしたりして、必ずノートにスクラップしておくようにしよう。ただし、そのまとめ方にはポイントがある。

まず、ノートの左ページに大きくタイトルを書いて新聞の切り抜きを貼り、右ページにその要点などを書き出していくのだ。

いわゆる見開きページごとにまとめるようにするわけだが、こうしておくとページを開いただけで、そこに貼ってある切り抜きの内容が一瞬にしてわかるようになる。

たとえ余白があるからといって、1つの見開きに2つも3つも貼ると見やすさが損なわれ、どこに何を貼り込んであるかがわからなくなってしまう。

そのために見開きの左ページにあえて大きくタイトルを書いて、わかりやすくしているのである。

このノートを作るときは、とにかくシンプルに徹するべきである。

「プチ・データバンク」は情報をすぐに取り出せるスグレモノ

「この新製品は要チェックだな」「このラーメン屋は前から行ってみたかった」「○

○の最新のデータが発表された！」――。

新聞や雑誌に気になる記事や情報が載っていると、その部分を切り取って手元に置いておくことがある。だが、いざ切り抜いてみようと思ったときに限って、どこに切り抜きをしまったのかがわからなくなってしまい、全然役に立たなかったというケースも多い。

そこで、切り抜いた記事を縮小コピーをして小さめのA6判サイズのノートに貼り、自分だけの〝プチ・データバンク〟を作ってみてはどうだろう。

つまり、それらのデータを1冊の小さなノートにまとめ、自分だけのお気に入り情報を満載したデータバンクを作るのだ。

この場合、ノートのサイズが〝小さめ〟というところがポイントになる。カバンに入れておいてもじゃまにならないから、ストックした情報をいろいろなシーンで漏れなく活用できる。

使い方しだいでは趣味やレジャーの情報はもちろん、仕事に必要なデータをコンパクトにまとめて持ち歩くこともできるのだ。

ふせんは机の「定位置」に貼っておく

いつもその辺に置いてあるはずなのに、いざ使おうと思ったら見つからない。そんな迷子になりやすい文房具の代表といえば、ふせんだ。

そこで、いつでもすぐ使えるように、ふせんを置いておく定位置を決めておきたい。定位置が決まったら、ふせんの裏の台紙になっている紙をはがして、その〝定位置〟にペタッと貼りつけてしまうのだ。

こうしておけば、ふせんはのりによって固定され、他の人がその場所からはがさない限り、常に同じ場所にあることになる。また、どこかに行ってしまったと慌てて探し回ることもなくなるはずだ。

頻繁に使う文房具は、いつも必ず同じ場所に置いてあることが鉄則なのだ。

ふせんを使って〝タイトルインデックス〟を創作する

クリアファイルに書類をまとめて入れておくときは、書類ごとにふせんを貼って内容が識別できるようにしておけば探し出すときに便利である。しかも、その貼り方にひと工夫すれば、ふせんがインデックスの代わりにもなる。

まず、ふせんはクリアファイルの天地の高さから1～2センチ程度はみ出すように貼り込んでいく。このとき、そのはみ出したふせんの長さを同じ高さに揃うように調節しておくといいだろう。

こうして貼り込んだふせんのはみ出た部分に、資料の名称や内容などを簡潔に書き込んでいくのである。そして、ふせんを貼る位置を重ならないようにずらしていけば、ふせんを見ただけでクリアファイルの中にどんな資料が入っているかがすぐにわかるようになる。

「あの資料、どこに置いたっけ？」と探す手間をかけるよりも、こまめにふせんを貼ってインデックス化したほうが手間はかからないのだ。

解決できない問題はさっとメモして他の仕事に集中する

次から次へとやらなければならない仕事は山ほどあるが、どれもスムーズに進むとは限らない。なかにはいくら考えてもいい案が浮かばず、気がつけば1時間くらいあっという間に過ぎていたりする。これでは他の仕事に支障をきたすだけだ。

そこで問題にぶつかったらまず、10分間考えてみよう。集中して10分ほど考えて解決の糸口が見つかれば、そのまま進める。しかし、いい案が浮かばなかったら、そのことをメモして他の仕事にさっさと移るのである。

肝心なのは、切り替えたらすぐに忘れてしまうこと。きちんとメモをしたのだから、たとえ忘れても問題はない。へたに頭の隅においておくと、ほかの仕事をしていても集中できなくなる。そして、あとでそのメモを見ながらじっくり対処すればいいのである。ちなみに、メモは手帳タイプではなく、机の上に置いておけるブロック型のほうが使い勝手がいい。

アイデアは1ページ1テーマの真っ白なノートから

新しいアイデアはいつどこで思いつくかわからないので、忘れないうちにサッと書きとめておけるアイデアノートを持ち歩こう。

この場合、B5判かA4判の、罫線の入っていない白い無地のノートが便利だ。大切なのは思いきって1ページに1つのアイデアを記入すること。

余白ができてもったいない気がするが、この余白をたっぷりと活用するのだ。たとえば、最初のアイデアを元にして「別の商品にもこんなふうに応用できる」「他にこういうやり方もある」というように、別のアイデアが浮かべばそれをどんどん書き込んでいく。

元のアイデアから派生した別のアイデアや具体案を思いつくたびにそのページを開くことになるので、元のアイデアや他の書き込みを何度も目にすることになる。それがまた刺激になって、さらなる新しい発想へとつながることもあるのだ。

アイデアは真っ白な状態から始めると、どんどん広がっていくのである。

ダメ出し専用の大バケ専用ノートを作る

せっかくまとめた企画書をボツにされたら「もう二度と見たくない」と思うかもしれない。

しかし、ボツになった企画書や反対意見が多かったアイデアの中にこそ、新しい発想や視点が潜んでいることもある。

そこで、それらをまとめて専用のノートに貼っておき、どこが悪かったのか、何が足りなかったのかといった不採用になった原因を徹底的に検証できる「ダメ出し専用ノート」を作りたい。

左ページに採用されなかった企画書を貼り、右ページには反対意見や指摘をされた箇所、会議で出た助言などを間隔を開けて書き込んでおく。そして、このノートを見返して、右ページに書かれた意見に対する自分の所見や改善点、視点を変えた切り口などを思いつくままに書き込んでいくのだ。

この作業を何度か繰り返していくと、おのずと自分のミスや欠点、どこで失敗したかが見えてくるようになる。

いくらボツになったからといっても、それをそのままゴミ箱に捨ててしまうのはあまりにももったいない。

失敗は〝成功の母〟なのだ。

6

「デジタル環境」を整えて能率が上がる時間の習慣

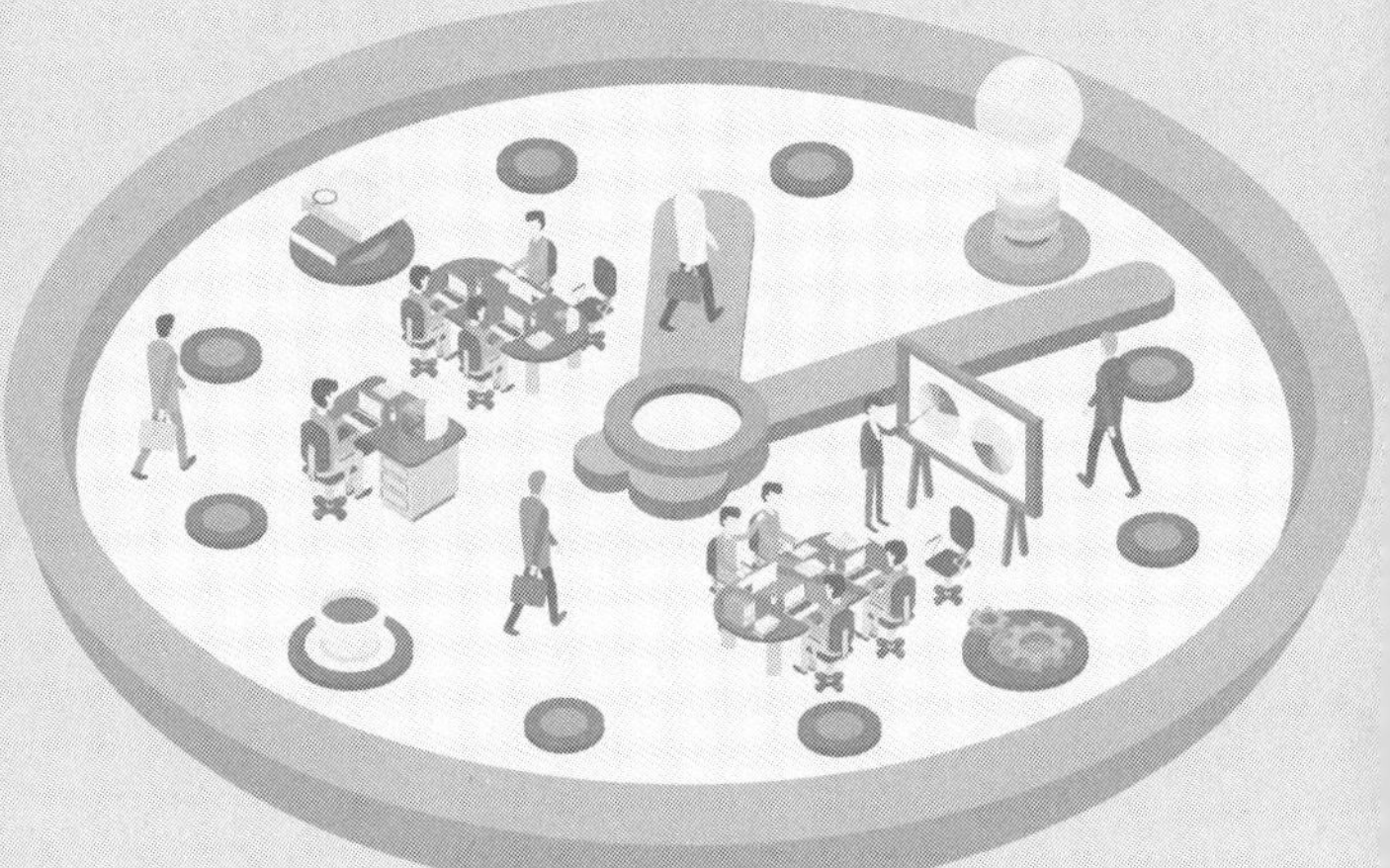

「リマインド機能」を活用すれば、重要な案件だけに集中できる

毎日11時からとか毎週木曜日の14時になど、頻繁に発生するルーチンワークならば忘れる心配もないが、毎月15日と25日にだけ発生するとか毎月第3木曜日にやらなくてはならないというように間隔が空いてしまう用件だと、つい記憶から抜け落ちてしまうこともある。

そんな、ど忘れを防ぐのに便利なのが、スケジュール管理アプリやメモアプリなどについている「リマインド機能」だ。

この機能を使えば、指定しておいた期日や時間が迫ってくるとメールが配信されたり、スマホのパネルにお知らせが届く。

リマインドメールの送信先として、ふだんから頻繁にチェックするパソコンや携

帯電話のメールアドレスを設定しておけばメールを見落とす心配もない。これで、心おきなく目の前のほかの仕事に集中できるというわけだ。

そのほかにも、パソコンの画面にリマインドの「ふせん紙」を表示するフリーソフトなど、うっかり忘れを防いでくれるツールにはさまざまなものがある。

いろいろ試して、自分の使いやすいものを見つけてみよう。

たまったメールをムダなく処理するには、新着順で読むのが鉄則

ひと昔前なら会社に戻ってやっていた仕事のメールチェックが、スマホやタブレットのおかげでいつでもどこでもできるようになった。

だが、休暇のときくらいは仕事のことを忘れたいと数日間メールを確認せずにいると、受信箱に何十通もの未読メールがたまるはめになり、休暇明けはメールの処

理で1日が終わるなんてことにもなりかねない。

そこで、未読メールが大量にある場合は、まず着信順ではなく新着順に目を通すようにしたい。

とくに同一人物やグループから時間を置いて何通もメールが送られてきている場合には、新しく送られてきたメールは、それ以前のメールの内容の訂正や変更が加えられたものである確率が高い。

つまり、新しいメールには最新の情報が書かれているので、古いメールの内容は読み飛ばしても問題ないこともあるのだ。

さらに、メールの処理方法にもちょっとしたコツがある。

まず内容をざっと見て、「すぐに処理するメール」と「後で処理するメール」、「不要なメール」に分けるのだ。

すぐに処理できるものはその場で内容をきちんと読んで、すぐに処理する。すぐ処理できないものはToDoリストに入れて、後でしっかり読む。さらに読む必要のないもの、情報が古くなっているものは削除するのだ。

この作業で、休暇明けのメール処理の効率はぐっとよくなるはずである。

今すぐ実践したい、メールの送信ミスがなくなる方法とは？

ファイルを添付してメールを送ろうとしたのに、慌てていたために添付するのを忘れたまま送信ボタンを押してしまったということは、誰でも一度や二度は経験したことのあるミスだろう。

もちろん、「先ほどのメールで資料を添付し忘れましたので再送いたします。大変失礼いたしました」などと、すぐに謝罪のメールを送り直すことになるわけだが、これこそ二度手間の極みである。

このようなミスは、先にファイルを添付してから本文を書く、という簡単なクセをつけていれば避けることができる。

また、添付するファイルを選択して、「送る」→「メール受信者」と進めば、必然的にファイルが添付された状態でメーラーが立ち上がるはずだ。

ちなみに、メールでファイルを送信するときには、相手が受信できるデータサイズにも注意したい。受信できるメールのサイズに制限が設けられていると、時間をかけて送信したにもかかわらず結局相手に届いていないことがあるからだ。

そんなときは、ファイルのサイズが小さくなるPDFなどに変換してから送信するといいだろう。こうしておけば、相手も重いデータをパソコンに残しておかずにすむし、ちょっとした気遣いをするだけで、メールのやり取りはミスなくスムーズに行うことができるのだ。

ブログはフィードリーダーに登録し、更新記事だけチェック

好きなタレントや作家だけでなく、仕事に役立つ情報が得られる専門家のブログ

など、インターネットの「お気に入り」に複数のブログを登録している人もいるだろう。

ブログが更新されていたら早めにチェックしておいて最新の情報を得たいものだが、毎日大量のサイトをチェックするのは、それだけでけっこうな時間がかかってしまう。

さらに不定期更新のブログの場合、いつ更新されるかわからないのに毎日チェックするというムダ足を踏むことも多いはずだ。

そこで、たくさんのブログを効率よくチェックするためにぜひ利用したいのがRSSリーダーに代表されるフィードリーダーというサービスだ。いつも読んでいるブログのどこかにRSSもしくはATOM、XMLなどという表示があれば、自動的にブログの更新情報を受け取ることができる。

たとえばフィードリーダーのアプリをインストールして、そこにブログのURLを登録しておくと、そのブログが更新されたときに記事の概要などが画面に表示されるのである。

とにかくブログの更新記事が一目瞭然になるので、複数のブログをスムーズにチェックすることができるし、ムダな時間を使うこともなくなる。登録するだけで時間の短縮になるので、ぜひ利用したい。

「あとで読む」サービスで、すきま時間にウェブ記事を読む

ネットサーフィンの途中に気になるページを見つけたときに、あとで読もうと思って「お気に入り」に登録したはいいが、結局読むのを忘れてしまい、気づいたときには記事が削除されていたなどということがある。

せっかく見つけた情報なのに、放置してしまったらその情報を探すために費やした時間もムダになってしまう。

そこで、ウェブ上で見つけた情報を確実に読むために、「あとで読む」というサ

ービスを利用するといい。あとで読みたいページがあれば、クリック1つでまとめて保存しておくことができるのだ。これなら読み忘れがなくなって確実に情報に目を通すことができる。

さらに、メールではなくあとで読みたい記事をサーバーに保管するという方法もある。

「Pocket」を使えば、チェックしたページはサーバーに保存され、他のパソコンからも読むことができる。

また、オフィスで保存しておいたページをiPhoneなどのモバイルで読むといった使い分けもしやすい。

いずれのサービスも空いた時間を使って確実に情報に目を通しておきたいときに便利だ。

ブックマークをムダに増やすこともなくスマートに情報処理できて、仕事のペースも上がるはずである。

ショートカットキー使いでパソコン操作はもっと簡略化できる

手軽なスマホやタブレットの人気でパソコンの出荷台数が減っているが、ビジネスではやはりキーボードがついたパソコンが必須アイテムだ。

ところで、パソコン作業の時短テクといえばショートカットキーだが、使いこなしているという人はどのくらいいるだろうか。

念のために説明すると、ショートカットキーとは定められたキーを押せば目的の操作を一発で行える機能のことだ。

たとえばパソコンの操作中に「マイコンピュータ」を開きたいとなった場合、通常はマウスでスタートボタンから入って何度かクリックを経てたどり着くが、キーボードの「ウインドウズのロゴ＋E」を押せば一発で「マイコンピュータ」画面にジャンプできる。その名の通り、パソコン操作の「近道」の役割をしてくれるのだ。

ただし、ちょっと面倒なのはマックとウインドウズはもちろん、同じウインドウズでもOSによって機能が異なることだ。したがって、使用するOSが定まっていない人には不向きかもしれない。

だが、頻度の高い作業だけでもショートカットキーを使えればけっして損はない。一度の作業での時短はわずか数秒かもしれないが、ちりも積もれば山となるのだ。

「オートページャライズ」で、大量のページもスイスイ読める

本や雑誌を読むときにページをめくるのは自分の指だが、ウェブ上ではクリック動作がその役割を果たす。ウェブサイトの記事をチェックしているとき頻繁に行う動作の1つが、2ページ目以降へのクリックだ。

検索結果が大量に表示され、10ページ、20ページと続く場合、1ページ読み終えるごとに次項をひたすらクリックしなければならない。

1つの記事などが複数ページにわたる場合も同様だ。1回1回はちょっとした動作だが、記事を読むことに集中していると案外手間だし、思考も中断されるので効率も悪くなってしまう。

そんな問題を実に簡単に解決できるのが、「Auto Pagerize（オートページャライズ）」だ。

このオートページャライズを導入すると、複数ページにわたる検索結果や記事の2ページ目以降を自動的に読み込んで1ページ目に継ぎ足してくれるのだ。これならページを下へとスクロールしていくだけで、すべてのページに目を通すことができる。

たかがワンクリックを減らすだけじゃないか、と侮ることなかれ。いざ大量の情報に目を通さなければならないとなったとき、必要以上にクリックをしなくてすむことの快適さに気づくはずである。

曖昧な言葉をネット検索するときに欠かせない㊙記号とは？

情報にあふれた毎日を過ごしていると、ど忘れやうろ覚えはある程度は日常茶飯事ともいえる。

ところが、パソコン上でうろ覚えのキーワードで情報収集するのはなかなか手間がかかる。連想ゲームのように思いつく限りの単語を入力して検索をかける手もあるが、なかなか焦点があった情報が出てこないことも多い。

しかも、単語やフレーズの一部しか浮かんでこないときは、たとえば単語を二つに分割して入力してみても見当違いな検索結果しか表示されなかったりする。

そこで役立つのが「ワイルドカード」と呼ばれる演算子「*（半角アスタリスク）」だ。思い出せない言葉を*に置き換えて入力することで、より正しいワードの検索結果が表示されやすくなるのだ。入力の際は「〝〟」で前後をくくる。

たとえば「〝蘇我*子〟」というように入れると、*部分にさまざまなワードをあてはめた検索結果が出てくるのだ。

四字熟語や人の名前など、正確な漢字を覚えていないというときにぜひ使ってみてほしい。そして、正しい言葉、正確なフレーズがわかったら、念のためもう一度検索をかけて情報を確かめておこう。

ファイルタイプ指定で検索すれば、統計情報はすぐに見つかる！

会議や打ち合わせに臨むときは、見やすくてわかりやすい資料をつくることが必要だが、統計資料やデータなどを企画書に盛り込んだり、別紙として添付すると、その資料の信頼性を高めることができる。

そんな資料作成のための統計やデータを収集するのにも、ワード検索は強い味方になってくれる。そこで収集作業をより効率よく進めるために、グーグルでファイルタイプを指定して検索してみてほしい。

統計データなどの資料は、pdf、doc、xls、ppt などのファイル形式で作成されることが多い。

このファイルタイプを検索ワードに加えれば、探している資料を的確に表示させることができる。方法は「検索ワード　filetype: ○○」だ。

たとえば、税金に関するＰＤＦファイルの資料を検索したいときは「税金　filetype:pdf」と検索ワードを入力する。

これがエクセルの資料なら filetype:xls、パワーポイントの資料なら filetype:ppt となるのだ。

探している資料がどのソフトで保存されているのかがはっきりしている場合はもちろん、資料に添付するファイルの種類をそろえておけばより見やすくなる。資料集めの段階でファイルの種類を指定してしまうことで、探す手間を確実に省くことができるのだ。

検索効率が格段にアップする「演算子」使いのコツとは？

ネット検索の魅力はオフィスや自宅にいながらにして、世界中の情報にアクセスができることだ。ひと昔前なら国会図書館に行って調べていたような専門的なことも、検索ワードを打ち込めば、実に簡単に目的の情報を得ることができる。

一方で、ネット上の情報というのは玉石混淆でもあり、正しい情報をきちんと見極めることが必要になる。やみくもに検索ワードを入力していても、似たような情報ばかりだったり、信憑性に欠けるものばかり表示されていては、その精査にかける労力も時間もムダになってしまう。

そこで覚えておきたいのが、「演算子」による絞り込み検索だ。演算子とは、検索の際に使われる特殊な単語のことである。－や＋も演算子のひとつだ。

演算子による検索の中でも、情報収集に当たるときにぜひ試してほしいのが、「ORで広げて、－（マイナス）で絞る」というやり方だ。

一般的に複数の検索ワードを入力する場合、検索ワードの間にブランクを入れて行っている人は多いだろう。これはAND検索といい、入力した検索ワードをすべて含んだページが表示される。

このAND検索よりもさらに大きく広げたいときに便利なのが、OR検索だ。検索ワードの間に「OR」を入れる方法なら、入力した検索ワードのいずれかを含むページを表示することができるのだ。

このOR検索によって、〝濃い〟情報から〝薄い〟情報まで、かなりの量のページをすくいあげることもできる。AND検索での情報収集よりも情報の取りこぼしが少なくなるはずで、次にマイナス検索を行い、不必要な情報を削除していき、本当に有用な情報を絞り込んでいけばいいのだ。

もちろん、絞り込んだ情報を最終的に見極めるのは人間の目だ。情報の真贋《しんがん》を精査して本当に役立つかどうかを見抜けるように、日ごろからさまざまな情報に触れておくことも大切だろう。

ウェブ情報の取捨選択には、「はてなブックマーク」をチェック

ユーザー側から発信される口コミ情報は、実際に利用した人の評価だという点が実用的で、信頼性も高いことが多い。ウェブ上で、この「口コミ」の役割を果たすのが「はてなブックマーク」というソーシャルブックマークサービスだ。

探し当てた情報が信頼するに足るものかどうか、読んだだけでは見極めるのはなかなか難しいものだ。かといって、いちいちその情報のウラを取っていたら膨大な手間と時間がかかってしまい、ネット検索の利点であるスピードが落ちてしまう。

これを口コミ評価というスタイルである程度裏づけてくれるのが、はてなブックマークなのだ。はてなブックマークをインストールしておくと、検索結果の記事に、その記事をどれだけの人が評価しているかを表示してくれる。

つまり、ブックマークされている数が多ければ多いほど、口コミ評価が高い記事ということになる。

もちろん口コミだけで手放しに信頼することはできないが、自分の目だけでなく多くの人の評価を判断材料に加えられる利点は大きい。うまく活用して情報の取捨選択のスピードアップを図りたいものである。

管理と検索が一気にラクになる、ファイル名のルールとは？

エコという観点においても、いまはアナログ（紙）よりデジタル（パソコン）が圧倒的に優位ともいえるが、やっかいなのは保存や削除が簡単にできるあまり、油断をしていると管理が行き届かなくなってしまうことだ。

たとえば「企画書A」を作成したとして、翌日それを手直しして「A'」を保存、その後も手直しを重ね、フォルダには「企画書A」の進化版がいくつも保存されているとする。このようにファイルを片っ端から保存できるのはまさしくデジタルの利点だが、こうなると目的のファイルを探し出すときにちょっと困ってしまう。「3日前に作成したファイルはどれだっけ？」となった場合、正確にタイトルを覚えていれば問題はないが、そうでなければ、いちいち全部開いて確認しなくてはならない。

しかも、重いファイルなら開くのにも時間がかかるし、いくつもウィンドウを開けると突然パソコンがフリーズしたりして作業が立ち行かなくなることもある。

そこで実践したいのが、タイトルに必ず日付を入れる方法である。4月1日に作成したファイルなら「企画書　A0401」、同じファイルを翌日更新したら「企画書　A0402」。これなら中身を開くまでもなく「3日前のバージョン」とか「3回目のバージョン」というように、日付や手直しの回数で見分けることができる。

そのためには、ファイル更新時には必ず作業の最初に日付を入れて「名前をつけて保存」する習慣を身につけよう。これなら上書きや削除といった操作ミスによるファイルの紛失もなくなるはずだ。

1枚＋αに仕上がった書類を1枚に収める早ワザとは？

パソコンでつくった文書を出力するときに、プレビュー画面をきちんとチェックしているだろうか。

プレゼン用の配布資料など多くの人の目に触れるものに関しては、その仕上がりを確認する人も多いだろうが、ふだん何気なく作成する文書の場合、何も考えずに「印刷」ボタンを押してしまっている人は意外と多い。

そうすると、たまに1枚＋数行で2枚という中途半端な書類ができ上がったりすることがある。

こうした書類は美しさという点だけでなく、節約や時短という意味でもNGだ。

たとえば、この1枚＋2行の書類をFAXで送信する場合、たった2行分のために

1枚余分に紙を消費することになる。

こういうときは出力時の余白スペースを小さくして1枚に収めるように工夫してみよう。印刷設定を確認してみると、初期の設定では意外と余白が広めに設定されていることがある。これを上下数ミリ縮めるだけで、はみ出た行数が収まったりする場合もあるのだ。

さらに、全体のフォントを1サイズ下げるのも有効だ。ただし、この場合は改行位置など文書全体のイメージが変わる場合があるので、必ずもう一度見直すことを忘れないようにしたい。

情報の重複を避けるためニュースソースは1つに絞る

テレビや新聞、ラジオ、雑誌、ウェブサイトなど、1つのニュースは複数のメディアで取り上げられてさまざまな報道がなされる。媒体が違えば報道のされ方も違うので、複数のメディアからの情報を取り入れることは多角的な視野を持つことにつながるはずだ。

ただし、同一のメディアの場合、1つのニュースを重複して見たり聞いたりすることは時間のムダになってしまう。とくにウェブ上で1つでも多く目を通そう、などとやっていたら時間がいくらあっても足りないくらいだ。

そこで事実関係の把握をするならば、新聞社や公的機関のサイトなど、信頼性の高いニュースソースを選ぶといい。しかも、同じ事件や出来事に関するニュースなら、新しい情報を読んでおけば古いものは読み飛ばしても問題ない。客観的な事実確認をするだけならそれだけで十分だ。

さらに検証を加えたい場合でも、やみくもに有象無象の情報を集めていたらかえって混乱してしまう可能性もある。ネット上の情報には、じつに怪しい無責任なものも多く存在するからだ。

日ごろから信頼に足る人物や機関のサイトやブログをチェックして、それらを検証の助けにすれば、情報に流されて右往左往することもなくなるはずだ。

「リーチブロック」なら、仕事中の誘惑を強制的に断ち切れる

老若男女を問わず、誘惑に弱いのが人間の悲しい性だ。パソコンで情報収集をしているときについ関係のないサイトを見たりブログを読みふけってしまい、時間をムダにしてしまったりする。よほど意志の強い人でなければ、思い当たる節があるのではないだろうか。

もちろん、何気なく読んだサイトの情報から新しい着想を得ることもなくはない。だが、情報収集はときに時間との戦いであり、ふらふらと寄り道をしたことが命取りになりかねない。

そこで、誘惑に弱いという自覚がある人は、LeechBlock（リーチブロック）というアドオンを試してみてほしい。

リーチブロックには、指定したＵＲＬへのアクセスをブロックしてくれる機能がある。しかも、ブロックしたい曜日や時間なども細かく指定することができる。これで仕事にメリハリをつけることができるので、作業の効率がよくなるはずだ。

人はどうしてもやらなければならない作業があるときや、期限が迫った資料作りに追われているときこそ、つい現実逃避してしまう傾向がある。

そんなときには強制的にサイトへのアクセスを遮断して、自分自身を律するようにしたい。

7

「頭のいい人」が実践する時間の習慣

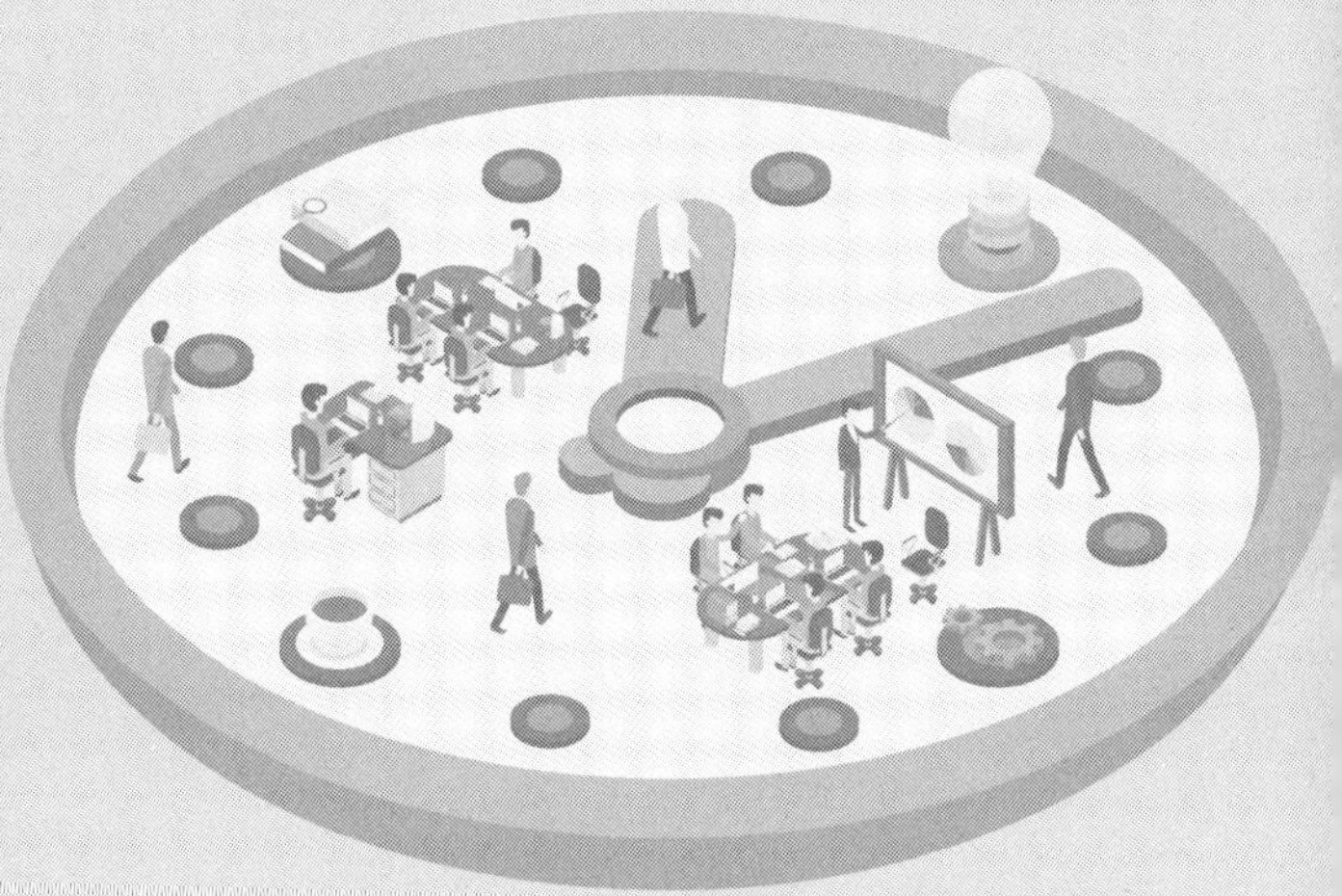

苦手な分野は人に任せて、自分の得意な分野で結果を出す

すぐにできないからといってあきらめてはいけない、苦手なことこそチャレンジする意義があるとは、よくいわれることだ。

一般的に、不得意なことでも頑張っている人は努力家だと評価される。時間がかかってもひたむきに努力していれば、いつかは実を結ぶかもしれないからだ。しかし、職場においては必ずしもその努力が評価されるとはいえないことがある。

だとしたら、苦手な分野に余分な力を注ぐのは時間のムダだといえる。とくにグループで行うプロジェクトなどでは、おのおのが得意分野で成果を上げられるようにすればいい。

人それぞれ得意分野は違うものだ。適性を見極めて仕事を割り振れば、仕事の効

率はずっとよくなるにちがいない。

そのためにも、ふだんから得意分野では誰にも負けないスペシャリストでいられるように研鑽《けんさん》を積んでおきたい。

そこで結果を出せば、周囲からも「常に成果を出せる」という高評価を得ることができるようになるはずだ。

勉強後の記憶量が格段にアップする「5分間復習法」の秘密

「最近もの忘れが激しくなった」と感じることはないだろうか。ある程度の年齢になると新たなことを学習しようとする意欲が落ちてしまうのはしかたがないことだが、時間を上手に使えばむしろ記憶力が上がることがある。それが「勉強後の5分の復習」である。

たとえば、1コマ1時間程度で区切りながら勉強するとしよう。およそ50分勉強したら、その後、必ず約5分間「今の学習のポイントは何か」を自分に問いかけ、記憶できていない部分はもう一度記憶する作業をする。

これが記憶をキープさせる魔法の5分だ。

心理学者のヘルマン・エビングハウスが調べた「エビングハウスの忘却曲線」によれば、人は初めて覚えたことは、20分後にはすでに42パーセントも忘れてしまうという。

そして、1時間後には56パーセント、1日後には74パーセント、1週間後には77パーセント、1ヵ月後には79パーセントと、どんどん忘れていくのである。

前述の例でいうと、1時間後に56パーセントを忘れるというタイミングで復習すると、忘れる量を大幅に減らす効果があり、それをしないことは逆に学習効果を半減させることになるのだ。

つまり、この5分間には30分と同様の価値があるということだ。これをやることで、記憶にかかる時間はだいぶ短縮されるのである。

「ツリー方式」を使えば、複雑な内容も覚えやすくなる

「ツリー方式」は、生物学の世界では動物や植物の進化を説明するときなどに用いられる図解化した「系統樹」のことで、民族学や言語学などのさまざまな分野で使われている。

このツリー方式で表すと、全体の関係を系統立てて把握することができるし、細かい出来事まで細分化して把握することもできる。短い時間で全体を覚えるのに便利なのだ。

わかりやすい例としては、都道府県の名前をすべて覚えるときに、1本の大樹からまず北海道、東北、関東、中部、近畿、中国、四国、九州という8つのエリアの枝を作り、その枝からさらに都道府県名の枝を伸ばす。

そのエリア毎に覚えていけば、ランダムに覚えるよりも記憶しやすくなるうえ、

都道府県の位置もだいたい把握できるのだ。

一見、複雑な解説書や参考書も、この方式で自分なりに分類して書き出してみるとぐっとわかりやすくなるものだ。

わかりにくいと思いながらそのまま使ったり、わかりやすいものが見つかるまで探しまわったりするより、ツリー方式で自分流に組み立て直したほうが結果的には時間を節約することになるだろう。

記憶を定着させるには、学習した直後に眠るのがベスト

人は寝ている間に見たものや聞いたこと、起こった出来事などを必要なものとそうでもないものとに分類して、保存したり消去したりして記憶を整理するといわれている。

「眠ったら忘れてしまいそう」と思うのはまったくの逆で、睡眠は記憶を定着させるために不可欠なものなのだ。

だから、たとえば勉強したことを短時間で定着させたいと思ったら、まずよく眠ることが必要なのだ。

しかも、記憶が新鮮であればあるほど、より確実に情報を記憶しやすいことがいろいろな実験でも立証されている。つまり、学習した直後に眠るのがベストなのである。

間違っても、勉強して疲れた頭をリラックスさせるために、テレビを見てから寝ようなどと考えてはいけない。

これは、じつは運動にも当てはまる。スポーツや職人の世界でよく「体で覚えろ」といわれるが、運動能力や技術も学習した直後に眠ると定着しやすいのだ。

運動でも勉強でも、デキる人は眠る前の時間を大切にしている。記憶したいことは寝入る直前に眺めたり考えたりすると、短時間で効率よく頭に入るということを実体験から知っているのかもしれない。

忘れたくない情報は、感情の変化と連動させて記憶する

名刺交換をしても、次に会ったときに名前を思い出せないことがあるが、かなり派手な服を着ている人だったり、話し方が面白かったり、あるいは名前が珍しかったりするといつまでも記憶に残っていたりする。

ようするに人の記憶は喜びや悲しみ、感動や興奮といった感情の動きとセットになるとより強く刻まれるものなのだ。

この現象を逆手にとれば、自分にとっては少々興味の薄い情報でも手っ取り早く記憶することができる。

たとえばビジネス書を読んでも、セミナーに行っても、ただ内容を頭に詰め込もうとするだけでは忘れるのも早い。しかし、そこで得た情報を使って何をするのかというアウトプットのイメージを持ったうえで思考を変化させていけば、記憶に残

りやすくなる。

たとえば、「この話をどうやって〇〇さんに伝えよう」とか「このセリフは次の交渉のときにこうアレンジして使ってみよう」などと考えるのだ。

それは、五感を使うと起きやすくなる。見る、聞く、触れる、匂いを嗅ぐ、味わうなどの行動と一緒に情報を得ると、知識として身につきやすいのだ。

だから情報を早く確実に記憶に焼きつけたいと思ったら、DVDやCDなどのように画像とともに内容を把握できるもののほうがいいし、さらにいえば、セミナーに参加して手を挙げて質問するなどドキドキ感を味わったほうがいいのである。

ビジネス書を読むときの〝いいとこどり〟テクニックとは？

忙しい日々を送っていると読書に時間を割くことは難しいが、そんななかで1冊でも多く仕事に役立つ本を読むためにはどうすればいいだろうか。

そこで、速読術を身につけるよりも手っ取り早い読書の時短テクニックを紹介しよう。

ビジネス書を読むときには、必要な情報を得るためと割り切って〝いいとこどり〟、つまり結論だけを抜き出して読んでしまえばいいのだ。

そのときに頼りになるのが目次だ。本を開いたらまずは目次にざっと目を通して、結論が書いてありそうな箇所に目星をつける。そして、そのページから読み始めればいいのである。

また、真っ先に「あとがき」を読むことで、作者の論旨が見えてくることもある。ビジネス書は正直に1ページ目から順に読んでいく必要はないのである。

ちなみに、企画書や報告書を書くときにもこの方法を活用してほしい。真っ先に結論から書き出すことで、最も伝えたい内容をより強く読み手に印象づけることができるのだ。

歩きながら「英語思考」をすれば、英会話が短期で身につく

英会話を早くマスターしたいならアメリカ人を恋人にするといい、とよくいわれるが、それはつたなくても心を通わせようとして英語を使うからである。

音楽や映画で英語を聞く機会がどんなに多くても、話す機会が少ないと英会話はなかなか上達しないものだ。なるべく多くの英語を口にする時間を持つことが上達の近道なのである。

しかし、だからといって英会話スクールの授業を増やす必要はない。お金をかけなくても、たとえば道を歩きながらでも英会話はできる。もちろん、アメリカ人の恋人をつくる必要もない。

通勤の行き帰りに「今日はいい天気だな」とか「もう桜が咲いたんだ」「あの人の洋服はどこで買ったものだろう」「なぜ今日の部長は不機嫌だったのか」などと、

目にした風景や自分が置かれた状況、感じた思いなどを英語にして口に出してみればいいのだ。

そうすることで英語を発することに慣れると同時に、英語で考える習慣を身につけられる。

しかも、歩くことで脳が刺激され、活性化するので、学習にはうってつけの時間ともいえるのだ。

英語だけに集中するというよりも、何かをしながらついでに英語を話すようにすると英語を勉強しているという意識が少なくなり、楽に学習できるのである。

外国語を短期習得したいなら あえて英語以外を選ぶ

中学、高校と6年間も英語の授業があったのに、まともに英語を話せる日本人は少ない。

だからなのか、習い事での語学人気は根強いものがある。仕事上必要に迫られて勉強を始めたり、知識の幅を広げるために何らかの外国語を習得したいと思う人が多いのだ。

ある調査によると、もちろん一番人気はやはり英語で、次いでフランス語、中国語、韓国語と続く。

ところが、そんな熱意に相反して習得できずに挫折する人が多い。

じつは外国語には、習得しやすいものとそうでないものがある。発音の問題はもちろんだが、最もネックなのは文法の違いだ。

多くの外国語は、日本語のように主語、目的語、述語の順には並ばない。その点、韓国語は文法の構造が日本語と似ていることから比較的理解しやすい言語だといわれている。

もし、外国語なら何でもいいから学びたいという人はそんな比較的理解しやすい言語を選ぶといい。

それによって習得までの時間を短くできるからだ。

ちなみに、日本語と似ている文法を持つ言語は、韓国語のほかにインドネシア語やスワヒリ語、マレーシア語などがある。

最短で勉強の結果を出すには、最初の行程表作りに時間をかける

「急がば回れ」というように、急ぐなら不安定で危険な近道より、遠回りでも安全で確実な道を行くほうが結局は早かったりする。

同じことは勉強にも当てはまる。もし最短を望むなら、最も短い時間でゴールに到達できるような行程表を最初に時間をかけて作ったほうがいい。

時間がないならなおさらのこと、見切り発車は結局遠回りになる可能性が高いからだ。

こういうと、ネットなどに書いてあるモデルプランをそのまま利用する人がいる

が、他人のプランが自分にも適しているとは限らない。

そもそも生活のリズムが異なり、置かれている環境も違う。思考回路も違うわけだから、行程表はカスタマイズするのが当たり前だ。

その行程表を作るにあたって大切なことは、1日の自分のリズムを知り、どの時間帯に能率が上がるかを把握することである。

集中できるのは朝なのか夜なのか、深夜なのか。たとえ空いている時間が朝しかなくても、夜のほうが集中できるのなら朝やることは効率が悪く、時短のプランとしては失格だ。

極端にいえば、ダラダラした2時間よりも集中した30分のほうが成果は大きいのである。

また、集中力を高めるために「その時間はほかのことはやらない」と決めるといい。

視界に余計なものを入れず、必要なものだけが見える状態にして環境を整えておくだけでも違うはずだ。

資格試験の勉強は、周囲に宣言して継続力をアップさせる

資格を取得するために、毎日決まった時間に必ず勉強しているという人もいることだろう。

しかし、毎日勉強を続けるのはそう簡単なことではない。

最初こそやる気になって続けていても、一度そのペースを乱してしまうと、いつのまにか気が向いたときにしかテキストを開かなくなってしまう。モチベーションが下降線をたどるからだ。

そうやってダラダラと勉強していてはなかなか結果に結びつかないばかりか、勉強すること自体を諦めてしまうことになりかねない。

そこで、いつまでも高いモチベーションを保ち、集中して短期間で資格を手にするためには、「自分は今年の○○の資格試験をめざしている」と周りの人に高らか

に宣言してしまうという方法がある。

自分一人で地道に勉強を続けていても張り合いがないものだが、こうして周囲に話しておけば、「勉強の調子はどう?」とか「もうすぐ試験だね」などと声をかけられることもある。

すると、「周りからも期待されているからがんばらなくては」という意識が芽生えてきて、このプレッシャーが集中して勉強を続けるためのモチベーションにもなるのだ。

そればかりか、自分の夢や目標を口にすることが何かのきっかけになることがある。

たとえば、身近に「じつは私もその資格を持っている」という人がいないとも限らない。しかも、その人からさらに効率のいい勉強法など合格者の生の声を聞けるかもしれないのである。

コツコツと勉強を続けるのが苦手な人は、こんな方法で勉強に集中できる環境をつくることから始めてみよう。

先に願書を出してしまえば、試験勉強はおのずとはかどる

スポーツでは「勝つ」という目標がなければ、地道で苦しい練習を毎日は続けられない。これと同じで、仕事も明確な目標があるからこそ頑張れるというものだ。であれば、勉強にも目標をつくってしまえば頑張れるという理論が成り立つ。大人になると自分を向上させたいと思っても、自発的に勉強をする意欲が湧きにくいのだ。

そこで今すぐ勉強意欲を湧かせるには、まず自分の「デッドライン」をつくってしまうことだ。たとえば、資格試験の願書を先に出してしまうのだ。取り急ぎ直近の試験に申し込んでしまえば、大学受験を控えた受験生のようなもので、やらざるを得なくなる。

やってもやらなくても否応なく試験日はやってくるし、汗水たらして貯めたお金

を払って受けるのだから、何もしないのはそのお金をドブに捨てるようなものである。

おすすめは年に10回行われているTOEICだ。頻繁にチャンスがあることや、条件なく誰でも受けられることもおすすめの理由だが、なにより結果がスコアで出るので合否よりも学習成果を測りやすい利点がある。

ほかにもさまざまな資格があるので、少しでも興味があるなら迷う前に申し込んでしまおう。

意欲は湧いてくるのを待つのではなく、自分で奮い立たせるものだ。

特集

最短の時間でベストの結論を出す方法3

記憶力・集中力編

覚えれば一生使える「スキル記憶」のすごい効果

■いつも同じやり方が通用するとは限らない

インターネットで検索をすれば、たいていの情報は容易に手に入る時代になった。

しかし、刻一刻と変化を遂げるビジネスシーンで求められているのは、そういったさまざまな情報を記憶している人よりも、それらの情報を駆使して問題をクリアしていく「スキル」を持ったビジネスパーソンなのだ。

だからこそ多くの人と会い、さまざまな本を読んで経験を重ねることで、臨機応変に結果を出すスキルを身につけることが重要なのである。

また、そうやって苦労して身につけたスキルは単なる情報とは異なり、そう簡単に忘れてしまうものではない。一生ものの記憶として生涯役にたってくれるのだ。

マニュアル本で知識を増やすよりも

↓

人との会話から「コミュニケーションのスキル」を身につける

企画書をたくさん書いて「企画のスキル」を身につける

さまざまな分野にアンテナを張って「考えるスキル」を身につける

“スキル記憶”なら一生忘れない

アタマの働きに磨きをかける「海馬トレーニング」のコツ

■「加齢による記憶力の低下」は正しくない

「歳をとっても記憶力は悪くならない」といわれて、意外に感じる人は多いのではないだろうか。ところが、これは科学的にも証明されているのである。

〝人体のブラックボックス〟ともいわれる脳のさまざまな謎を解き明かそうと注目されている学問が「脳科学」だ。この脳科学の研究において、加齢による記憶力の低下説は必ずしも正しくないことが明らかにされているのである。

とはいえ、20代後半にさしかかったあたりから、勉強をしても学生のころに比べて頭に入りづらくなった。しかも、仕事で先日会ったばかりの人の名前がすぐ出てこなくなったりと、以前よりも明らかに記憶力が悪くなったと感じ始める人は多い。

年を重ねると記憶力が低下する？

似たような
仕事を混同する
人の名前が
覚えられない
曜日や日時を
忘れやすい
暗記が苦手に
なってきた

海馬を意識して使い、トレーニングすることで記憶力の衰えは防げる。

人の脳ではいったい、何が起きているのだろうか。

自分の年齢に合わせた記憶法を——

まず、加齢とともに記憶は日々変化していくということを覚えておこう。たとえば、新幹線の駅名をすべて暗記してしまう子供がいるように、子供の脳は情報をシンプルに丸暗記するような「知識記憶」として覚えるのが得意だ。

ところが、10代後半以降は脳が記憶を蓄える神経回路が精密になっていくために、知識記憶と自分の経験といった情報同士を関連づけた「理論的記憶」が得意になる。

そこで、目で見た情報をさらに手を動かして紙などに書いて覚えるといった方法が効果的になっていくのである。

「海馬」を働かせる回数を減らさない

また、積極的に脳を働かせることも欠かさないようにしたい。

たとえば、日ごろから体を動かしていないと筋力が落ちてしまい、軽い運動をしただけでも疲れやすくなってしまうものだ。人間の体は使われていない部分の機能はどんどん衰えていってしまう。これは「廃用性機能低下」といわれる現象で、もちろん脳も例外ではない。

学生のころならば、毎日学校に通って授業を受け、どれだけ身についたかをチェックする定期テストもあった。さまざまな情報を記憶する習慣があったため、脳の中で記憶をつかさどる「海馬」を頻繁に使っていたのである。

ところが、社会人になると1日の大半は仕事で終わってしまう。その間を縫うように趣味などプライベートの予定をこなすのだから、集中して勉強し、情報を記憶するという時間はそう長くはとれなくなる。海馬を働かせる回数が減っているのだから、その機能が低下するのも当然である。

つまり、日ごろから意識して海馬を使い、脳を鍛えてさえいれば、年齢に関係なく記憶力は衰えないということになるのだ。

ちなみに、海馬のトレーニングには脳に眠っている昔の記憶を呼び戻す「回想法」が効果的だ。

幼少期を過ごした故郷に帰ってそこでよく遊んだ景色を眺めたり、昔好きだったマンガを読んだりして「懐かしい」と思うたびに脳は活性化されていくのである。

子供と大人は〝記憶の種類〟が違う

能を活性化させる「海馬トレーニング」

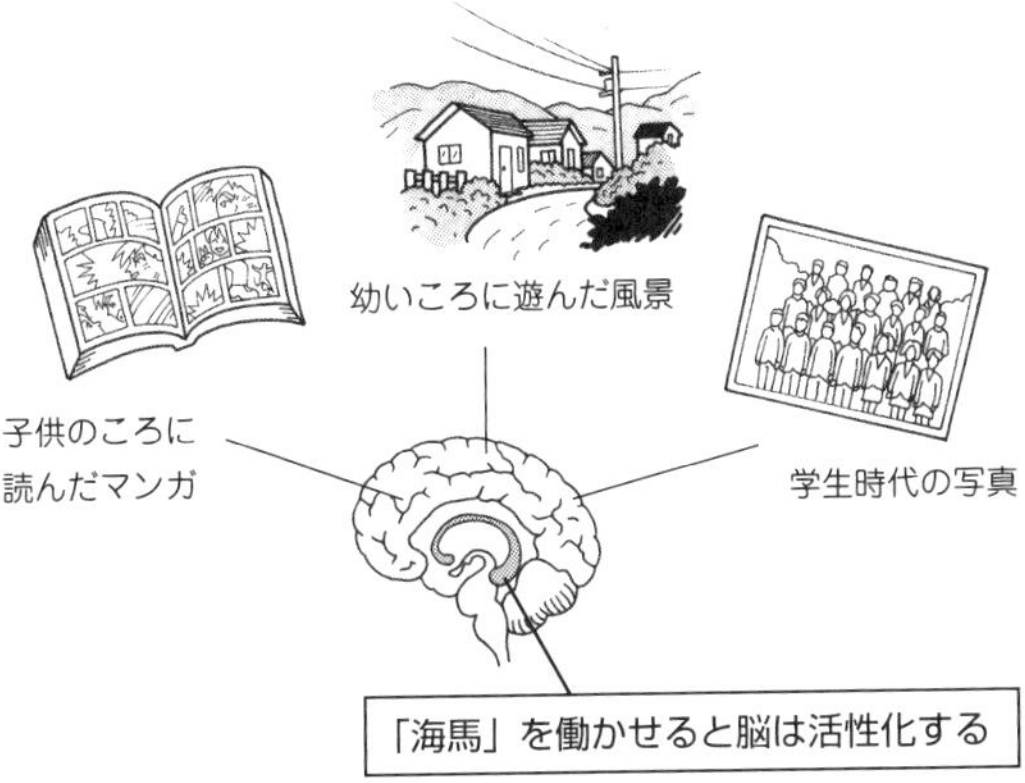

顔は〝Tゾーン〟で覚えてインプットする!!

初めての人と会う機会の多い営業職などの場合、とくに相手の顔と名前は即座に一致させて失礼のないようにしたいものだが、背格好の似たタイプの人がいると、どうしても覚えられないということもある。

そんなときには、相手の顔を見るときに全体を見るのではなく、目と鼻と口のいわゆる〝Tゾーン〟を意識して見てみるといい。いわゆる「顔を覚えた」状態というのは、このゾーンを記憶して認識しているからだ。

目や鼻、口にはその人の特徴が凝縮されていて、女性がいくら流行の化粧や髪形にしてもこの部分を見れば違いがわかる。さらに、Tゾーンを意識して会話をしながら相手の名前を数回口にすれば、顔と名前を同時にインプットできる。

たくさんのことを瞬時に覚える「連想結合」の極意

単語を連想させて記憶する連想結合

学生のころに、ゴロ合わせで歴史の年号や理科の元素記号を記憶したことがあるだろう。

何かを記憶するときにはよりわかりやすいイメージに置き換えたり、具体的な光景と結びつけたりすることで、情報はしっかりと脳に刻みつけられる。

たとえば、「カレンダー」「携帯電話」「北海道」「ホットケーキ」「マグカップ」と、一見何のつながりもないようなバラバラな5つの単語を、書かれた順番どおりに記憶しなくてはならないとしよう。

このとき、さすがにその5つの言葉をただ漫然と頭に入れようとしてもなかなか難しいものだ。仮に覚えられたとしても、順番が前後してしまう恐れがある。

そんなときは、次のようなシーンを想像して、それらの単語を連想させていくといい。

まず、「カレンダーには携帯電話を持った人の写真が使われている」。さらに「その人は連休で北海道まで旅行に来ている」が、「あちこち観光してひと休みしたくなって、カフェでホットケーキと、マグカップに入ったカフェオレを注文した」。

こうして具体的な光景を想像すれば、５つの単語は驚くほどスムーズに連想できるはずだ。

これは「連想結合」と呼ばれる記憶法で、その光景が具体的であればあるほど強く記憶されるのである。

名刺交換した相手を二度と忘れないテクニック

この連想結合は、仕事で名刺を交換した相手の顔を覚えるときにも有効だ。

一度に複数の担当者と会って初対面の挨拶を交わさなければならない場合、顔と名前が一致していなかったがために、のちに重要な連絡をするのに相手を間違えて電話やメールをしてしまったことはないだろうか。恥をかくくらいならいいが、「失礼だ！」と相手がへそを曲げてしまったら仕事にならない。

そこで、たとえば「フチなしの眼鏡をかけている茂木さん」「口ひげをはやしている池谷さん」などと、名前とその人の特徴を結びつけて覚えてしまえばいいのだ。忘れないように、それぞれの人の特徴をこっそりと名刺の裏にでも書きこんでおくのもいいだろう。

■脳の中で行われている情報のファイリング

ちなみに、脳は記憶されたさまざまな情報を「短期記憶」と「長期記憶」に分けて分類している。

短期記憶とは、数秒から数分以内の一時的に保存された記憶のことだ。脳ではその短期記憶を整理して、忘れてしまうか、それともストックすべき「長期記憶」にするかを判断している。

この連想結合によって記憶した情報は、印象が強い分「長期記憶」と判断されて頭の中に残っていくというわけだ。

１枚の絵(光景)にして連想するとバラバラの言葉が記憶できる

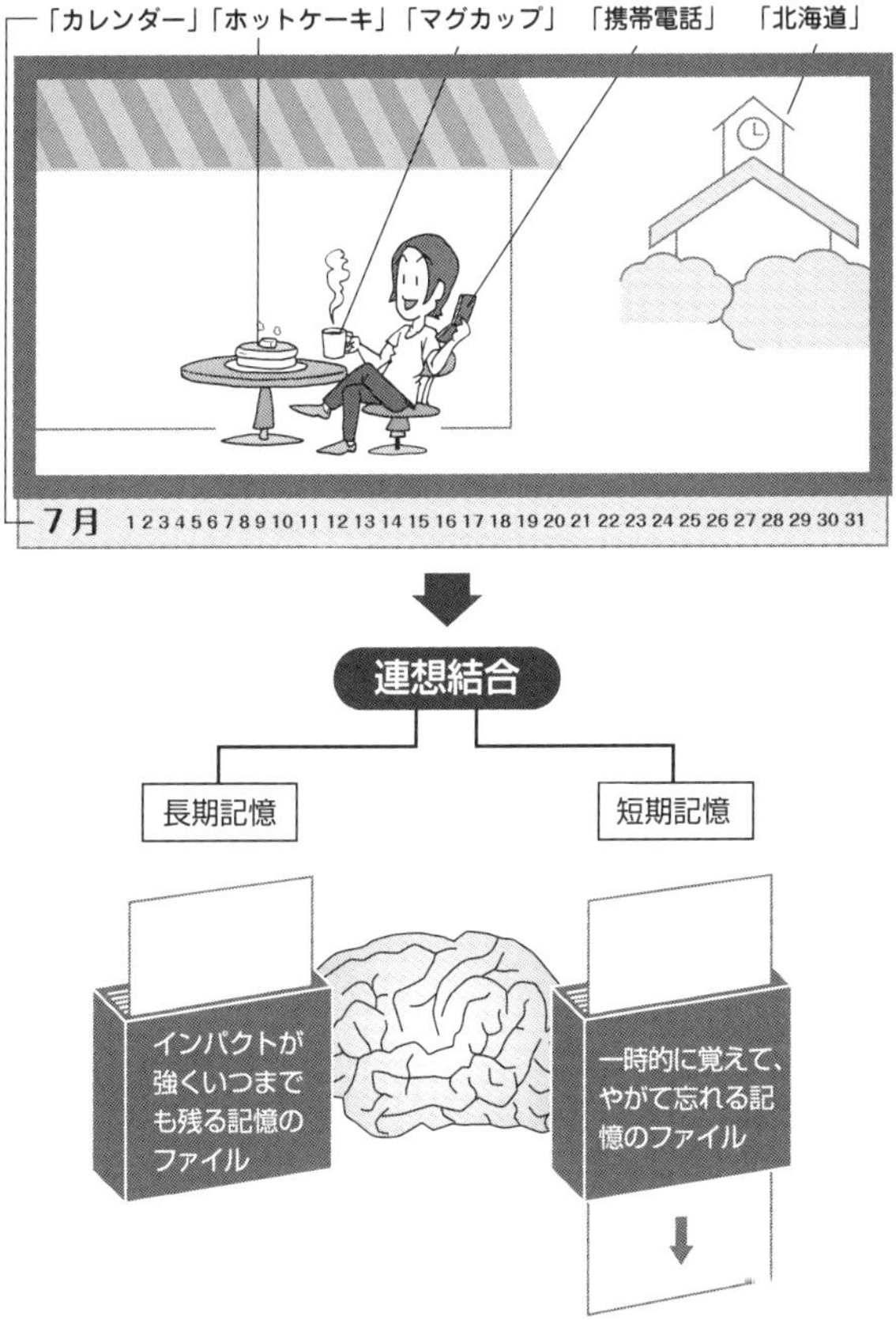

「記憶の分類法」を意識するとアタマがよくなる理由

方法記憶なら体が勝手に反応する

たとえば、ここぞというシーンで体勢を崩しながらもゴールを決めたサッカー選手が、「体が勝手に反応していた」とコメントするのを耳にしたことはないだろうか。これは、さまざまなシュートのパターンが、練習を繰り返すうちに「方法記憶」としてその選手の体に刻み込まれていたからにほかならない。

仕事の処理スピードをアップさせるためにも、この方法記憶を活用してみよう。身近な例でいうなら、冷蔵庫内の整理術がこれに当てはまる。1段目は消費期限の短いもの、2段目には食べ残し、3段目は保存の効くものというようにあらかじめルールを決めておけば、効率的に収納することができるのだ。

仕事においてもこのように簡単なルールをつくり、熟考する前にひとまず方法記憶として覚えてしまえばいいのである。

あなたの脳にもある記憶のピラミッド

脳にはこの方法記憶のほかにも、「知識記憶」や「経験記憶」と合わせて３種類からなる記憶の分類方法がある。それらの３種類の記憶は、まるでピラミッドを形づくるように脳内に蓄積されていくのだ。

まず、その底辺にあるのが方法記憶である。これは、先のサッカー選手の例のように「体で覚える記憶」をつかさどっている。自転車の運転やキーボードのブラインドタッチなども体で覚える記憶である。

一方で、その上に積み重なっている経験記憶や知識記憶は、いったん情報を理解したうえで脳に刻み込んでいく「アタマで覚える記憶」だ。一度理解する時間が必要になるため、方法記憶よりは覚え込むのに時間がかかる。

つまり、「あの人は仕事が速い」と一目置かれるような人は、自分でも気がつかないうちに仕事を方法記憶として体で覚えているのである。

仕事は一番原始的な「方法記憶」で覚える

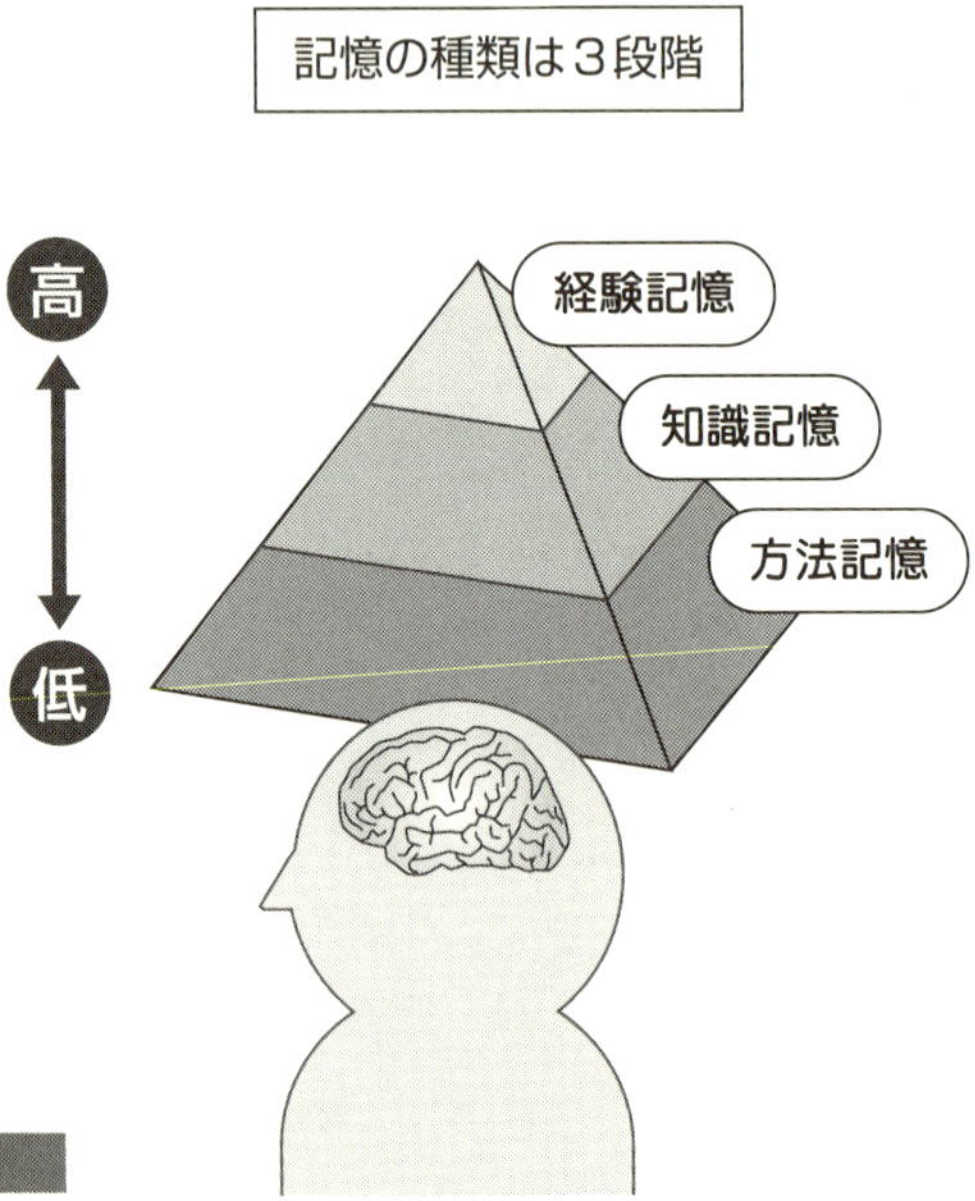

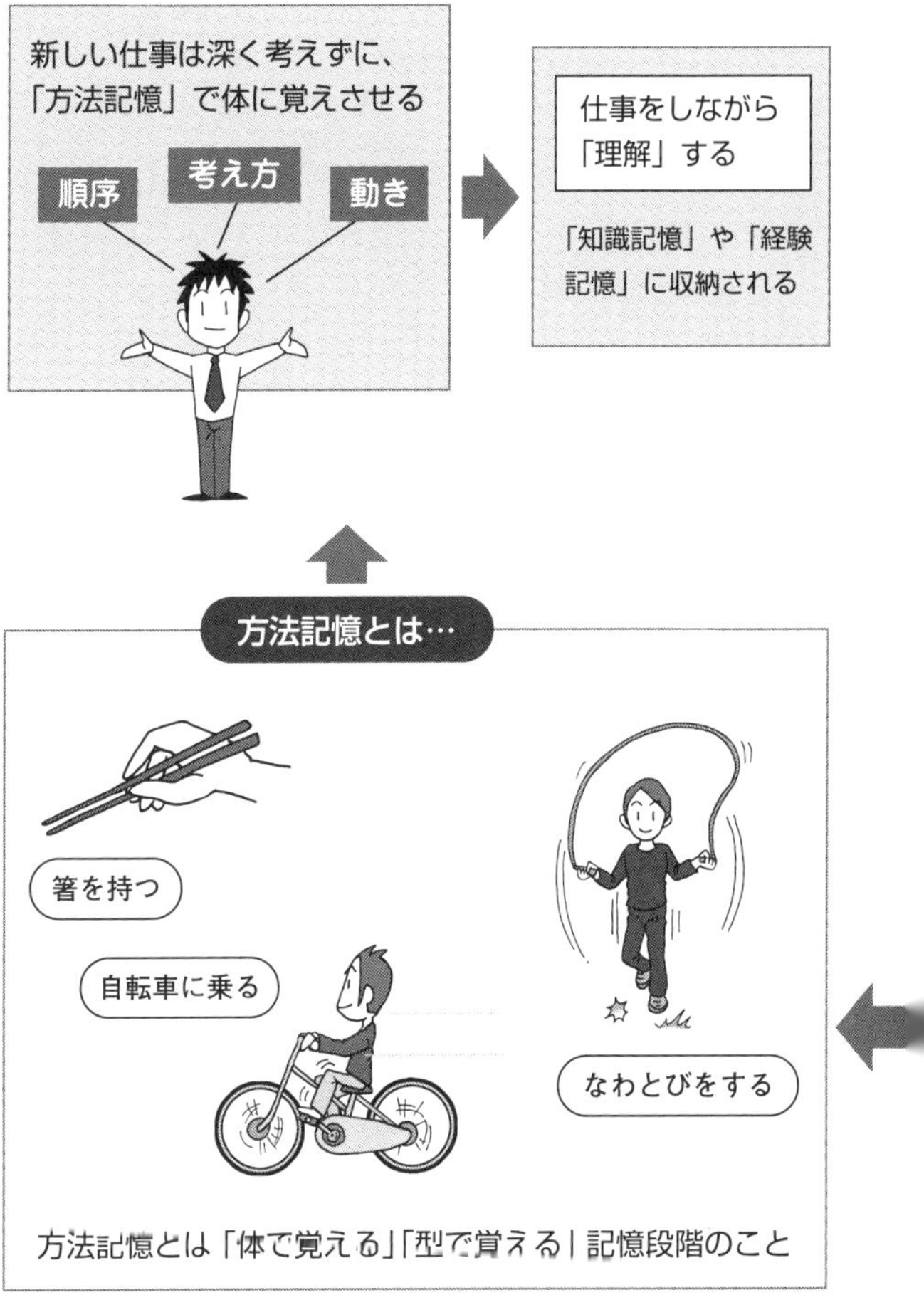
新しい仕事は深く考えずに、
「方法記憶」で体に覚えさせる
順序
考え方
動き
仕事をしながら
「理解」する
「知識記憶」や「経験記憶」に収納される
方法記憶とは…
箸を持つ
自転車に乗る
なわとびをする
方法記憶とは「体で覚える」「型で覚える」記憶段階のこと

記憶のモレをなくすための超簡単な「3つの手順」

■「ついうっかり」がなくなるすごい方法

次々と仕事が舞い込んでくると、時間に余裕があるような案件ほどついうっかりと忘れてしまうものだ。そこで、多くの情報をモレなく記憶するための方法がある。

まず、今自分のやるべきことをスケジュール帳などに書き出して、全体を漠然と見渡してみる。すると、金額や規模が大きかったり、期日が迫っているような仕事ほど自然と強く記憶されるはずだ。

次に、見落としがちな仕事や予定をよく見て頭にしっかりと刻み込んでから再び目を閉じるのだ。最後に、目を開いて再び全体の予定を見渡す。すると、大きさの異なる情報がピタリと積み重なって、記憶のモレがなくなるというわけだ。

モレなく記憶する方法

❶ 全体をザッと見渡してから、忘れそうな小さな仕事や予定をじっと眺める

６月の第３週の予定
19（月）報告書を作成
20（火）**アンケート発送**
　　　　△△社　打合せ 13：00～
21（水）**会計セミナー 17：00～**
22（木）○○社　新プロジェクト打合せ
23（金）報告会

❷ 目を閉じて頭に刻み込む

❸ 目を開いて、もう一度予定を見渡す

記憶力がいい人の「脳の仕組み」を知っていますか？

■脳の働きはいくらでも向上させることができる

脳梗塞などによって脳にダメージを受け、体の一部がマヒして動かしづらくなるなどの症状が出た人が、リハビリによって再びその機能を取り戻すことがある。

これは、脳の特徴である「可塑性《かそせい》」によることが研究で明らかになっている。

脳はまるで粘土のように外部からの刺激によって変化することができる。もし、ある機能を失っても、訓練することで脳細胞が増えていき、失った機能を補うことができるのだ。

つまり、記憶をつかさどる海馬などの脳の働きはトレーニングによっていくらでも向上させることができるのである。

何歳になっても脳は〝刺激〟で鍛えられる

脳に刺激を与えることによって「記憶脳」は強化される

「優先順位計画」で集中力が10倍アップする！

■毎日続けるだけでモチベーションを上げるコツ

あれもこれも、と一度にさまざまなことに手をつけてしまうと、結局どれもが中途半端で終わってしまったり、時間ばかりかかったりするものだ。

そこで、夜寝る前や朝会社に行って仕事を始める前に、その日にしなければならない予定を箇条書きにしたリストをつくっておこう。このリストには仕事はもちろん、プライベートの予定も一緒に書き出しておく。

そして、箇条書きした予定に「優先順位」や「重要度」をつけて、どのようなスケジュールで進めるかの実行計画を立てるのだ。パソコンのエクセルなどを使えば、並び変えるのも造作はないだろう。

計画を立てること自体に時間をかけてしまうのは得策ではない。午前中にはこれとこれを終わらせておこう、というような大まかなもので十分だ。

これをプリントアウトして、デスクの目立つところに張り出しておくのである。

項目を1つずつ消して達成感を得る

このように、その日やらなくてはならないことを可視化することによって、その内容をあらためて確認することができる。ムダやモレをなくして集中して進めることができるというわけだ。

また、繰り返しになるが、書き出した項目を1つ終えるごとに、自分の手で線を引いてリストから消していくこともおすすめしたい。

片づいた仕事を1つずつ消していくことで、たとえちょっとした仕事でもやり終えたという達成感を感じることができて、やる気も集中力もさらに高まるからだ。

リスト化して管理するのは基本的なスケジュール管理術だが、忙しさにかまけて実行できていない人は意外と多いものだ。身に覚えのある人はさっそく取りかかってみよう。

寝る前に「優先順位計画」を立てる

午前	午後
・食事の前に犬のポチと散歩 ・新聞記事をスクラップ ・社内会議 ・メールチェック＆送信	・プレゼンの資料集め ・企画書のアウトラインを作成 ・本屋で新刊を買う

翌日の計画を箇条書きにする

↓

寝る

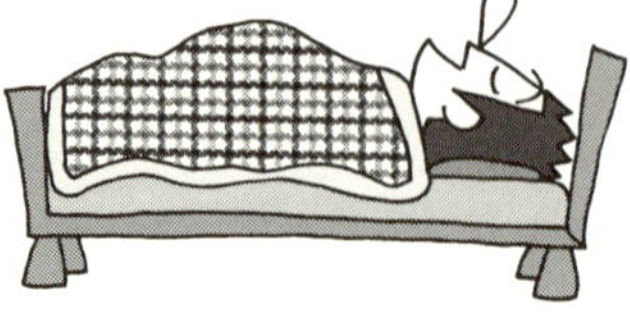

午前	午後
・~~食事の前に犬のポチと散歩~~ ・~~新聞記事をスクラップ~~ ・~~社内会議~~ ・メールチェック＆送信	・プレゼンの資料集め ・企画書のアウトラインを作成 ・本屋で新刊を買う

唇を閉じると集中力がアップする

じつは、人間の顔には集中力と密接に関係する筋肉がある。それが口を閉じるために使われる「口輪筋」だ。

一時、口をポカンと開けて無意識に口呼吸する若者が問題視されたが、口元に力が入っていないと集中力が低下するのは事実で、逆に意識的に口輪筋を使って口を閉じると前頭葉の血流が活発になり、集中力が増すことが研究によって明らかにされている。

つまり、「ここは集中したい」というときには、唇をグッと閉じるといい。ふだんから意識的に口輪筋を鍛えておくと、ここ一番で集中力が発揮できるようになるのだ。

たった5分で集中力を取り戻す！注目の「自律訓練集中法」

緊張しているときにも効果あり

長時間にわたる会議などで頭が働かなくなったとき、わずかな休憩時間を有効に使って集中力を取り戻す方法がある。それが「自律訓練集中法」で、ドイツの精神科医シュルツが開発したリラックス法だ。

方法はいたって簡単で、まず気持ちを落ち着けたら、左の図のようにいくつかのイメージを順番に頭の中に描いていくだけだ。

この方法には心身の疲れを取り除き、感情の高ぶりやストレスを押さえる効果もあるので、プレゼンの前など緊張しているときにやってみるのもいいだろう。

どこでも簡単にできるので、身につけておきたいリラックス法である。

自律訓練集中法でリラックスする

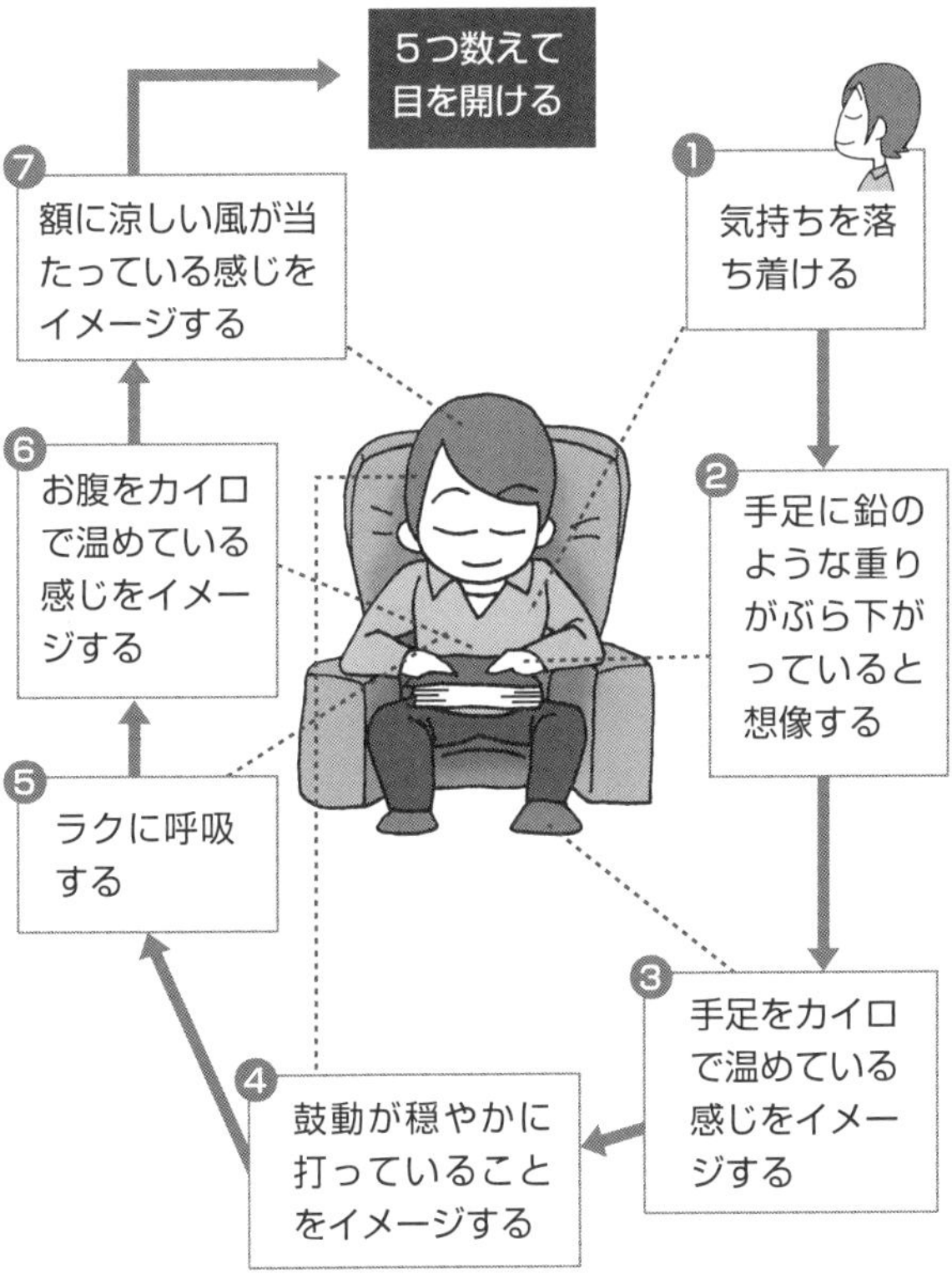

よけいなことを脳から追い出すには「1点集中トレーニング」が効く！

すんなり集中状態に入るために必要なこと

集中しようという思いが強くなるほど緊張してしまい、かえって意識が散漫になってしまった経験はないだろうか。そこで、みるみる緊張が解けて、集中力がアップする「1点集中トレーニング」を試してみよう。

まず、リラックスした状態で図の円の中にある点を20秒程度集中して見つめる。次に目を閉じて、見えてくる残像に集中する。残像が完全に消えるまで、1分くらいはそのまま目を閉じていよう。やがて残像が消えて目を開けると、頭がすっきりとしているのを感じることができるはずだ。このトレーニングを行うことによってよけいなことを頭から追い出し、集中力を高めることができるようになる。

頭がスッキリする１点集中トレーニング

①深呼吸をして肩の力を抜く

②下の図の中心にある点を 20 秒間見つめる

③目を閉じて、まぶたの裏側に現れる残像を１分程見つめる

④目を開くと頭がスッキリ！　集中状態に入れる

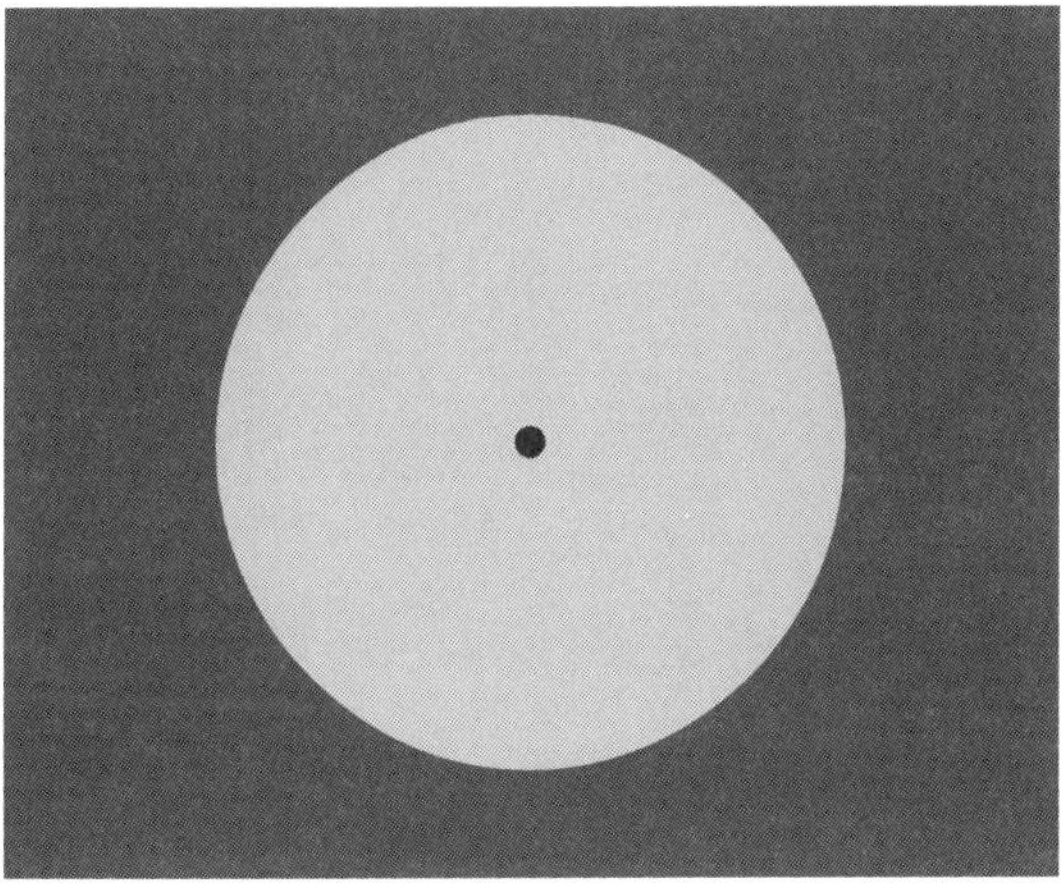

これだけはおさえたい！誰でもできる「速読」の技術

■速読法の基本原理とは

一般的に読書をしているとき、1分間で文庫本1ページ分（約600文字）に相当する量を読んでいるという。

ところが、「速読法」のトレーニングによって目の動きを強化すれば、そのスピードを2倍にも3倍にもすることが可能になる。知っていて損はない、速読法の基本テクニックを紹介しよう。

これまで国内外の研究者によってさまざまな速読法が紹介されているが、それらに共通する3つのポイントを押さえておこう。

まず1つ目のポイントは「視野を広げること」だ。

人が本を開いてパッと見ることができる文字数は、平均3・2文字とされている。つまり、トレーニングによって本を読むときの視野を広げて、1度に目に入れる文字数を3・2文字からできるだけ増やしてやればいいのである。ちなみに、視野に文字を入れるには4分の1秒かかるといわれている。

そこで、時間を短縮することができれば、文字を読み進むスピードも自然と速くなるというわけだ。これが2つ目のポイントである「視点の停留時間を短縮すること」だ。

そして、3つ目のポイントが「視点を素早く動かすこと」。視野に最初の文字を入れてから次の文字に視点を移動させる時間をできるだけ短くすることで、文字を追うスピードをアップさせようというのである。

速読法というと難しいイメージもあるが、その基本はこの3つの動きをどれだけ高められるかというシンプルなものである。

このように目の動きを少し意識するだけでも、読書のスピードは変わっていくはずだ。

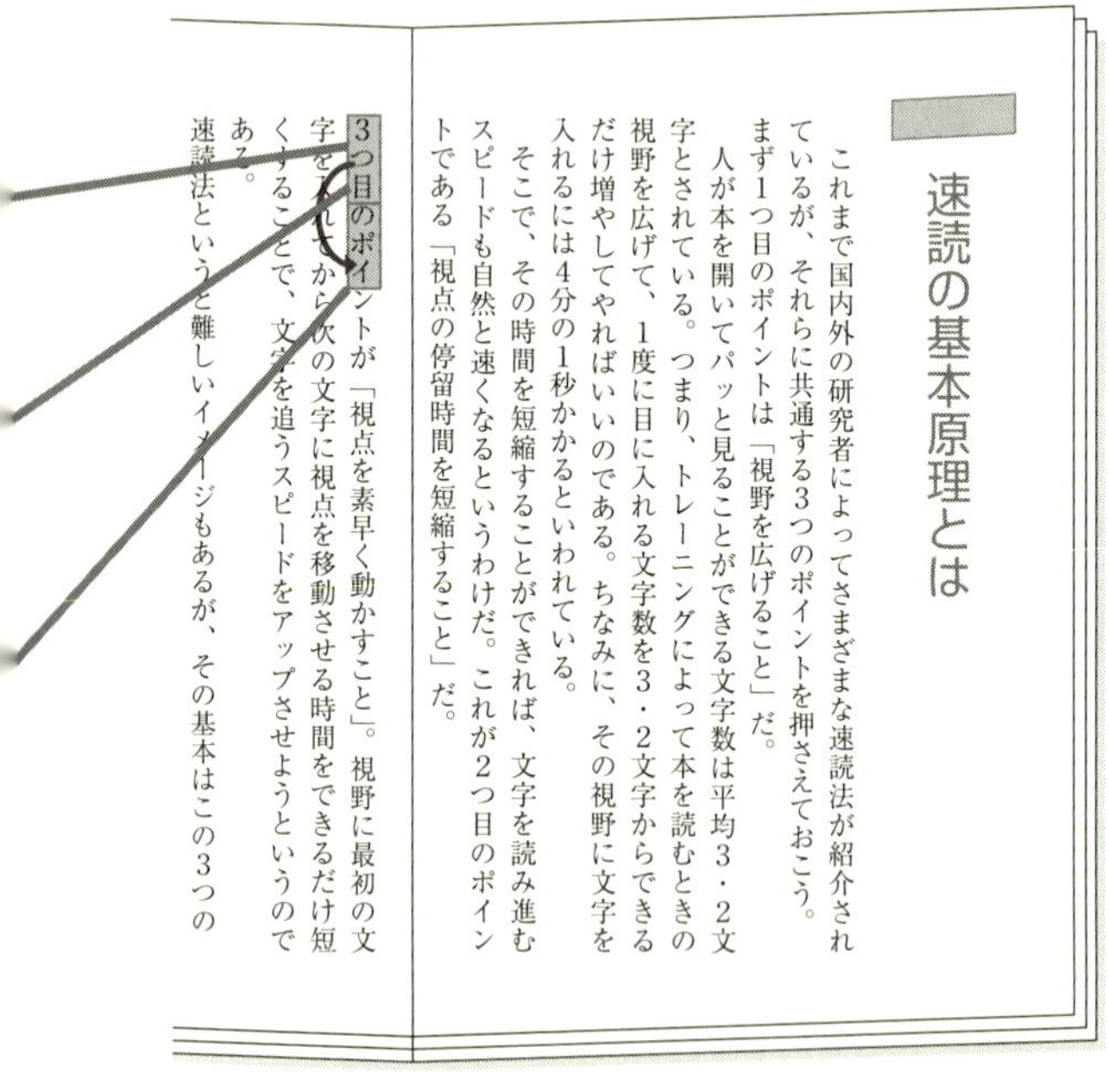
速読の基本原理とは
これまで国内外の研究者によってさまざまな速読法が紹介され
ているが、それらに共通する3つのポイントを押さえておこう。
まず1つ目のポイントは「視野を広げること」だ。
人が本を開いてパッと見ることができる文字数は平均3・2文
字とされている。つまり、トレーニングによって本を読むときの
視野を広げて、1度に目に入れる文字数を3・2文字からできる
だけ増やしてやればいいのである。ちなみに、その視野に文字を
入れるには4分の1秒かかるといわれている。
そこで、その時間を短縮することができれば、文字を読み進む
スピードも自然と速くなるというわけだ。これが2つ目のポイン
トである「視点の停留時間を短縮すること」だ。
3つ目のポイントが「視点を素早く動かすこと」。視野に最初の文
字を入れてから次の文字に視点を移動させる時間をできるだけ短
くすることで、文字を追うスピードをアップさせようというので
ある。
速読法というと難しいイメージもあるが、その基本はこの3つの

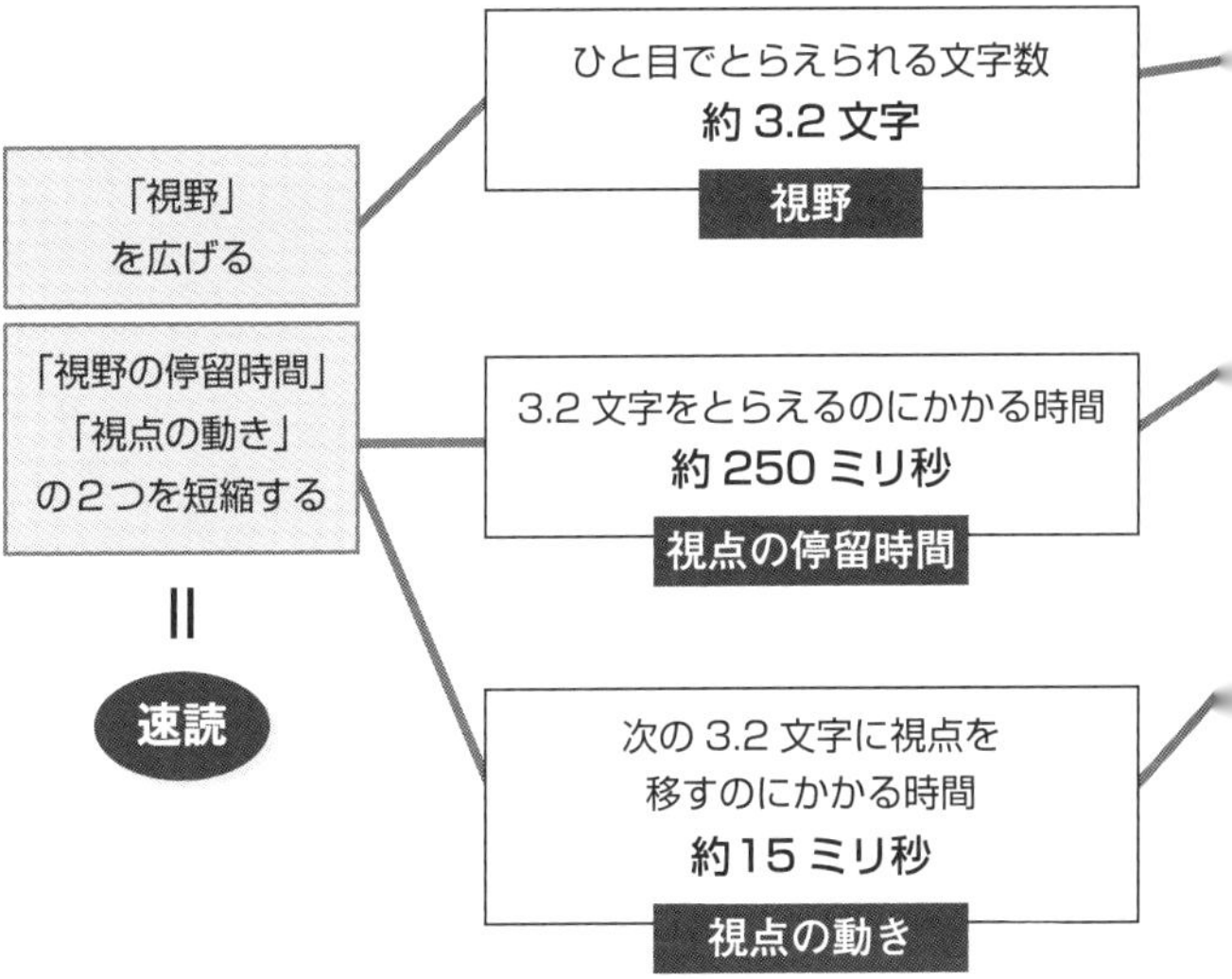
「視野」
を広げる
「視野の停留時間」
「視点の動き」
の２つを短縮する
＝
速読
ひと目でとらえられる文字数
約 3.2 文字
視野
3.2 文字をとらえるのにかかる時間
約 250 ミリ秒
視点の停留時間
次の 3.2 文字に視点を
移すのにかかる時間
約 15 ミリ秒
視点の動き

8

「自分の時間」が面白いほど増える時間の習慣

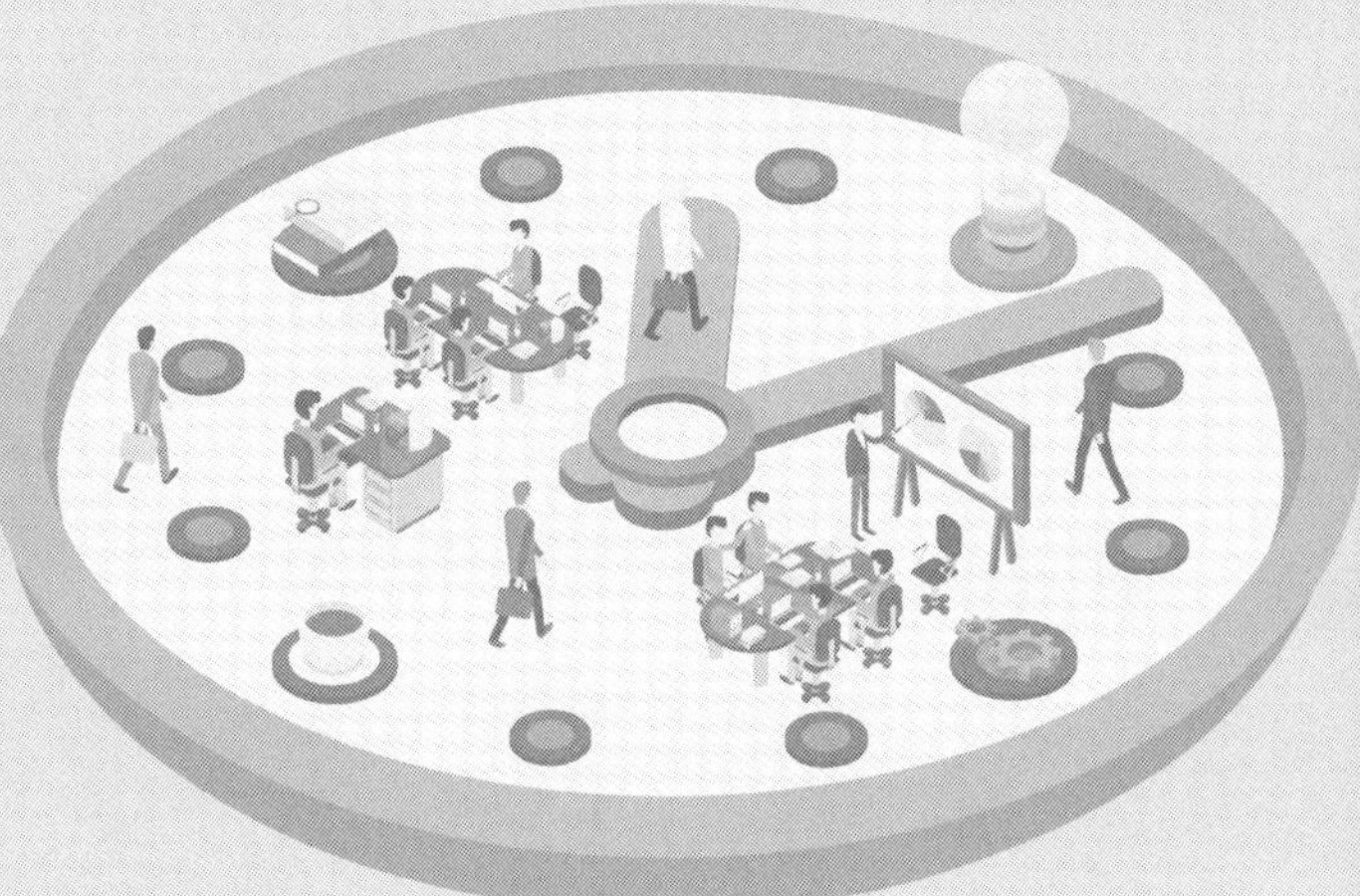

「ひらめき」を後からすぐに思い出すための記憶術とは？

お風呂の中で湯船に浸かりながら「お風呂から出たら○○と○○、それに○○をしなくちゃいけないいな」と考えていたとしても、お風呂から出るころにはすっかり忘れてしまっていることがある。

あるいは、通勤電車の中で突然ひらめいた企画のヒントが、電車を降りるころには「あれ？　なんだったっけ」ということも多い。

その場でメモがとれない状況で思いついたことを忘れずに後からすぐに思い出すためには、絶対に忘れないものと関連づけて覚えるようにするといい。

最も簡単なのは目や鼻、頭や足といった身体の部位だが、野菜や果物、駅名など自分が絶対に覚えているものならなんでもいい。大切なのは、絶対に覚えているものと思いついた事柄を結びつけたものを映像化して記憶することだ。

たとえば、「時短のアイデアを集めた本を作れば売れるかも」とひらめいたとしたら、ふつうは時計を思い浮かべるだろう。でも、そこに鼻を結びつけてみるのである。大きな時計の真ん中に鼻があり、5分、1分といった数字を吸い込んでいるようなイメージを映像化してみるとどうだろう。忘れ難い絵ではないだろうか。

入浴中や通勤中にアイデアを考えるのは、同時並行処理という立派な時短作業でもある。そうして生まれたせっかくのアイデアを忘れてしまったり、思い出すのに再び時間をかけないためにもこの記憶術はおすすめだ。

読書の意義が倍増する、カシコい本の読み方とは?

読んだはずの本なのにその内容をまったく覚えていない、ということがある。せっかく読んだのに忘れてしまったのでは、読むために費やした時間はまったくのムダになってしまう。

そこで時間をムダにしないために、少しでも読んだ証を自分の中に残すようにしたい。そのための読書法が「いい引用文を見つける」という方法だ。

1冊のうちに1文だけでもいい。別のシーンで引用できるような文章を見つけられれば、他の部分をすべて忘れてしまってもその本を読んだ意味が生まれる。

引用といっても、論文や小説に用いることを考えるのではなく、会話の中で何気なく使える言葉やデータを「こんな本だった」と誰かに話すときに〝引用〟できればいいのだ。

1人で読んで終わりとしないで、読書とは「読む＋人に伝える」がワンセットだと捉えてみるのはどうだろう。友達に伝えてもブログに書いてもいい、誰かに伝えることを前提にすれば本を読むときの集中力も格段に上がるはずだ。

まずは読みながら気になる部分に印をつけ、そして気になる部分が見つかったら、必ずそのページの角を折っておくようにするといい。そうすれば、いくつか候補になる文を見返すときにも時短につながるはずだ。

読書習慣がなぜか時短につながるカラクリとは？

朝起きて何を着て会社に行くかに迷い、ランチで何を注文しようか迷い、会議で賛成か反対かに迷う。何かに迷い、どうするべきかを考えるときに必要なのは、それまで見たり聞いたりしてきた情報や体験してきたことである。

だとしたら、スカスカな思考の土台より、密度が濃くしっかりとした土台のほうが安心で、迷う時間も少なくてすむはずだ。密度の濃い強固な思考の土台をつくることが、結局迷いというムダな時間を省くことにつながるといえる。

ではどうやってその土台をつくればいいのだろうか。経験は、限られた時間と場所の中で道具やノウハウを必要とする場合が多いが、知識は比較的手に入れやすい。

知識の源といえば昔から本と相場は決まっている。時と場所を選ばず、短時間、低コストで知識を得られる1番のツールは、アナログな読書といえる。

たとえば1日30分の読書を習慣づけると、1週間で3時間半、1年間では180時間の読書時間が得られる。

それだけをみるとたいしたことはなさそうだが、5年、10年と経ったとき、まったく読書をしない人との知識の差は歴然だ。

「単体」ではなく「系譜」を意識すると、知識の幅が一気に広がる

お笑い芸人であり、映画界でも第一線で活躍する北野武監督をはじめ、フランシス・フォード・コッポラやジョージ・ルーカス、スティーブン・スピルバーグといった名だたる映画監督たちが黒澤明監督の作品の影響を受けている。

それを知ったうえで黒澤作品を観るのと、まったくそんな事実を知らずに単なる

古いモノクロ映画だと思って観るのでは、どこか見方が違ってくるものだ。

読書も作家や作品を単品としてとらえるのではなく、その作家や作品に影響を与えた作品や人物に触れると面白さが増していく。

そういう繋がりの関係である「系譜」を意識し始めると、芋づる式でさまざまな人物や作品を知ることになる。

すると、これまで知らなかった分野にも興味を持つことができたり、その結果として幅広い分野のことがより早く理解できるようになるのである。

これを減らせば年間で365時間も捻出できる、ある習慣とは？

何か新しいことを始めようと思いつつも始められない人の中には、「時間がない」という言葉で諦めてしまっている人が多い。

しかし、よほど忙しく、分単位で日常生活を送っている人は別だが、たいていの人は1日24時間のうち何となく過ぎてしまっている時間もあるはずだ。

たとえば、テレビやインターネットを見ている時間がそれである。

総務省の「情報通信白書」平成27年版によると、テレビの視聴率が最も高いのは休日の20時台の49・3％で、その約1割はインターネットを利用しながらの視聴だという。

ただ何となくテレビを見ながら、芸能人のブログやツイッターのフォローをしているうちに2、3時間が過ぎている人も少なくないはずだ。

それを棚にあげて「時間がない」というのではなく、そのうちの1時間を減らすだけで、1年間で365時間、たっぷり15日分もの時間が生まれるのである。

この時間を読書に費やすとどうなるか。

日本人は平均で1分間に600～800字を読むので、1ページ1分として300ページの本なら5時間で読める計算になる。365時間あれば、単純計算だが、なんと73冊もの本が読めるのである。

スケジュール帳の使い方を変えれば、自分の時間をキープできる

仕事やつき合いが忙しく、自分の時間などまったくないと嘆いている人はちょっと自分のスケジュール帳を見てほしい。

そこには仕事の段取りや社内の飲み会の予定などばかりが書き込まれていて、自分の時間の予定は何も書かれていないのではないだろうか。

スケジュール帳なのだからそれで当たり前ではないかと思われそうだが、じつはスケジュール帳の使い方によっては自分のための自由な時間をつくることができるのだ。

スケジュール帳が単なる〝予定の覚書〟のように使われているとしたら、たとえば月初めに1カ月のスケジュールを見てみるとまだまだ空いているスペースが多くあるのがわかる。前述のようにその空きスペースに、先取りして自分の時間のアポ

を入れておくのだ。

たとえば、「20日（土）午前　映画」などと強制的に予定を入れておく。こうしておくと、あとから予定を入れるときも、その日は「すでに予定あり」の日として外すことができる。自分がやりたかったことを諦めずにすむので、精神的なストレスを解消することができるのだ。

自分の時間を強制的につくることで、結果的に時間のコントロールがうまくなるのである。

朝のシャワーでアイデアの捻出時間を時短する

朝に弱く、シャワーを浴びなければ目が覚めないという人がいるが、朝のシャワーはたしかに脳を起こすのに効果がある。

全身に熱めのシャワーの刺激を受けながら、「そういえば、あれどうしようかな…」などと脳に考える糸口を与えてあげると、思考が回り出してくる。まるで映像を見ているかのように次々とアイデアが浮かんでくるという人もいるだろう。

たしかに、まだ頭も体も目覚めていない状態のときに熱いお湯とシャワーの強い刺激を受けるとシャキッと目覚めるのを実感できるはずだ。全身の皮膚が刺激を受けて、血流が増加することによって脳が一気に活動しはじめているのだ。

実際、このときの集中力はふだんデスクで仕事をしているときなどとは比べものにならないほど高まっているという。となると、朝のシャワータイムを習慣づければ、今まで会社のデスクであれこれ頭を捻っていた問題を時間と労力を使わずにクリアすることができるかもしれない。

経営者やクリエーターなど常に新しいアイデアが必要とされる仕事をしている人の中には、その効果を知っていて朝のシャワータイムを思考の時間としてフルに活用している人もいる。ぜひ、マネをしてみたい習慣だ。

1時間半刻みの睡眠で、朝のスタートダッシュが切れる

仕事を人一倍バリバリとこなしながら、本もたくさん読んでいて、趣味もしっかりと楽しんでいるというエネルギッシュな人がいる。しかも、そういう人は4、5時間くらいしか寝ていないというのに、なぜかいつも元気だったりもする。

たしかに1日24時間のうちの約4分の1を占めている睡眠時間を時短できれば、その分を趣味や仕事の時間としてやりくりすることができるだろう。

だが、早起きしてみても頭が冴えず、結局ボーっとテレビを見ているだけだったり、目覚まし時計を止めて二度寝をしてしまったりとなかなかうまくいかない。

というのも、スッキリと目覚めるためにはコツがある。重要なのは睡眠時間の長さではなく、起きるタイミングにあるのだ。

眠りの深さは一定ではなく、90分ごとに浅い眠りの「レム睡眠」と深い眠りであ

る「ノンレム睡眠」を繰り返している。つまり、このリズムに合わせればムリなく起きることができるのだ。

レム睡眠が訪れるのは、就寝してから4時間半後や6時間後、7時間半後ということになるが、この眠りが浅くなるタイミングに目覚ましをセットしておけば、短い睡眠時間でもスッキリと目覚めることができるのだ。

目覚めがよければ体は自然に動き出し、朝の時間を有効に使うことができる。逆に、睡眠時間を短くしたとしても、起きてすぐに脳や体が活動しなくては残念ながら時短にはならないのだ。

睡眠を6時間に減らせば、生活にうるおいをプラスできる

同じように6時間睡眠をとったとしても、「ぐっすり眠った」という人と「たっ

た6時間しか眠れなかった」という人がいる。なぜ人によってこうも満足感が違ってくるのだろうか。

もしかすると、6時間の睡眠を少ないと感じる人は「8時間睡眠がベスト」という俗説を無意識のうちに信じ込んでいるのかもしれない。

8時間眠ることが体にいいと思っていると、やはり2時間も短いと寝足りない気がしてしまうのだろう。

実際、脳に関していえば、8時間眠ったからといって脳の働きがよくなるというものでもない。

むしろ、睡眠時間をある程度少なくして起きている時間を長くし、どんどん頭を使うことで脳が活性化する場合もあるのだ。

そこで、8時間寝なければという呪縛を解いて6時間睡眠に切り替えれば、気持ちよく起きられるうえに、毎日自由に使える時間が2時間も確保できる。

2時間あれば、朝食をゆっくりと食べたあとに新聞も読めるし、朝から映画のDVDを1本観ることもできる。

睡眠時間をたった2時間減らすだけで、今までの慌しい生活を一変させる〝ゆとりの時間〟が手に入れられるのだ。

休日の寝だめをやめれば、脳も体ももっと元気に動き出す

体のだるさや疲れを引きずりながら平日を過ごしていると、休日は昼までぐっすり眠るという人も多いのではないだろうか。

ところが、たくさん寝たはずなのに疲れがとれないというパターンを繰り返している人は、じつは寝だめが疲れの原因だったりするのだ。

体は動くと疲れると思われがちだが、じつはそれは大きな勘違いである。1時間同じ姿勢で座っていると肩が凝ったり腰が痛くなったりするように、動かないほうが逆に疲れるのだ。

寝ている姿勢は一番体に負担がかからないといわれるが、大人は子どものように

頻繁に寝返りを打たないため、長時間寝ていると重力によって血液が布団に接しているほうにたまり、血流が悪くなって疲れてしまう。

しかも、寝だめすると起きてからもなかなか脳にスイッチが入らず、ダラダラ1日を過ごしてしまうことになりがちだ。たまには、そんな休日も悪くはないが、これが毎週だとあまりにも時間をムダにすることになってしまう。

やはり休日といえどもきちんと朝起きて、それなりに体を動かすことが次の1週間をも充実させることにつながるのである。

深く眠るために、夜のテレビは控えてニュースは朝見る

布団にもぐり込んですぐに眠りにつくと、起きたときには爽快感があるものだ。

それとは逆に、横にはなったもののいつまでも眠れなかったというときは、朝起き

てもどこか疲れや不快感が残る。

案外、見過ごされがちだが、眠りにつくまでの時間を短くすることは翌日を有効に過ごすために大切なことなのだ。

仕事で体は疲れているのに神経が休まらず、なかなか眠れない原因の多くが、じつは寝る間際まで観ているテレビだったりするというのをご存じだろうか。

テレビの画面から発せられる光は意外と強く、とくに部屋の電気を消した状態でテレビを見ているとまぶしいくらいの光が目に飛び込んでくる。

この強い光を見続けていると、別名「昼間の神経」と呼ばれる交感神経の働きが活発になるといわれている。そのため、本来なら夜になると睡眠モードになるはずの脳内が興奮状態になり、寝つきが悪くなってしまうというわけである。

深夜にテレビでスポーツニュースが流れていたりすると、ついダラダラとつけっぱなしにしてしまいがちだが、ニュースなら深夜に見ても朝一番に見ても内容はそう大きく変わらない。

よく眠って朝から活発に動いている脳でニュースを見たほうが、冴えたアイデアも浮かぶものなのである。

集中して5分間眠るだけで脳は一気に活性化する

昼食をとった後の午後2時すぎというと眠気がピークに達する時間だが、この眠気をガマンして仕事をしたところでつまらないミスをしてしまったりして、いつの間にか帰宅時間が遅くなってしまうことがある。多くのビジネスパーソンが経験しているのではないだろうか。

結局、平日にプライベートな時間を楽しむ余裕などまったくないという悪循環に陥ってしまう人は多いだろう。

そんな悪循環を断ち切るためには、日中でも眠くなったらサッと短時間の睡眠をとるといい。じつは眠気を引きずって仕事をしているとき、脳は20パーセント程度しか活動しておらず、ほとんど役に立っていないといっていいのだ。

ところが、ほんの5分でもいいから体を楽な状態にして眠れば、目が覚めたときに頭がスッキリとする。このわずか5分のうたた寝で脳の活動も通常どおりに戻るというデータもある。

ほんの一瞬でも深い眠りに落ちると脳の動きは瞬時にリセットされるので、できればアイマスクや耳栓をして集中して眠りたい。

わずか5分間のうたた寝で眠気を断ち切ることができれば、仕事はもっと効率よくこなせるはずだ。そうすれば会社にいる時間は減り、その分をプライベートな時間として使うことができるのである。

脳と体をリセットするために、徹夜明けは〝30分〟でも寝る

長い人生の中では一度や二度、徹夜で仕事をした経験があるだろう。こういうと

き、出勤まで数時間しかないからこのまま寝ないで起きておこうと考えがちだが、それは間違いだ。

睡眠というと、まとまった時間をとらなくては意味がないと思っている人が多いのだが、じつはそうではなく、わずか30分でも眠ることで体と脳の働きは違ってくるのである。

というのも、人間は体と脳の疲れを回復させるために睡眠を必要としているが、脳と体の疲労は何時間もかけてゆっくりと回復していくわけではない。

寝入ってすぐの30分間は、ちょっとやそっと揺さぶられても目が覚めないくらい深い眠りに入っていくのだが、このときに疲労回復ホルモンである成長ホルモンが分泌されて一気に疲労を回復していくのだ。

つまり、人間の体は30分も眠ればシャキッとした状態に戻るようにできているのである。しかも、眠ることで人の記憶は整理され、必要なものを残して不要なものは自動的に消去される。眠る前と後では、頭の冴えもずいぶん変わってくるのだ。

だから、時間がないときは30分でも1時間でもいいから眠って、一度脳と体をリセットしたほうがいいのである。

効率的に痩せるには、17時から20時の覚醒のピークにジムに行く

メタボで気になるお腹を引き締めようとジムに通い始めたものの、いまいち効果が現れないと感じている人は、運動をする時間に問題があるのかもしれない。

じつは、痩せるための運動はいつやっても同じ効果が得られるというわけではない。最も痩せやすい時間帯を選んで体を動かせば、それなりの効果が現れるはずなのだ。

では、痩せやすい時間とはいつなのだろうか。それはちょうど多くの人が仕事を終えて、プライベートな時間をスタートさせる午後5時から8時までの3時間である。

この時間帯は、人の体は交感神経に支配されていて体温が高く、集中力も高まっ

ている。ふつうに生活をしているだけでも体内で脂肪が分解され、燃焼しやすい状態にあるのだ。

そこに脂肪を燃焼させるウォーキングや水泳などの有酸素運動をプラスすれば、さらに体温が上がり効率よくダイエットできるのである。

ひと汗流して9時ごろになると、交感神経の活動はだんだんと収まり、今度は眠気を誘う副交感神経が活発に働き出す。ジムで体を動かした後の心地よい疲れと自然な眠りに誘われてベッドにもぐり込むとぐっすりと眠れるので爽快な朝が迎えられ、リズムよく次の1日をスタートできるというわけだ。

会社の近くか遠くに引っ越して通勤時間のムダをなくす

都心に通勤するビジネスパーソンの場合、片道1時間半、往復3時間の通勤時間というのもけっしてめずらしいものではない。

そんな通勤生活をもったいないと感じているのなら、いっそのこと会社の近くか、もしくは遠くなっても始発駅のそばに引越ししたほうが、時間を有意義に過ごすことができる。

たとえば、30分で会社に行ける距離に引っ越せば2時間を有効に利用できる。または始発駅の近くに引っ越せば、会社からの距離は遠くなっても座って自分の時間を確保することができる。

そうすれば1時間半の間、集中して読書や勉強ができるようになるのだ。

●参考文献

『仕事ができる人の「段取り」の技術』（西野浩輝／東洋経済新報社）、『すごい段取り！　曜日ごとに仕事のやり方を変えなさい！』（中島孝志／マガジンハウス）、『仕事も勉強もはかどる15分間昼寝術』（ブルーノ・コンビ著、藤田真利子訳／草思社）、『脳に効く「睡眠学」』（宮崎総一郎／角川SSコミュニケーションズ）、『忙しい人の3時間快眠』（林泰／インデックス・コミュニケーションズ）、『仕事は、かけ算。20倍速で、自分を成長させる』（鮒谷周史／かんき出版）、『となりの達人の段取り術』（日経産業新聞編／日本経済新聞出版社）、『絶妙な「段取り」の技術』（吉山勇樹／ヒューマンデザイン・オーソリティ監修／明日香出版社）、『絶対速読記憶術』（椋木修三／大和書房）、『キラー・リーディング「仕事脳」が劇的に回り出す最強の読書法〔速読〕〔多読〕〔省読〕』（中島孝志／実業之日本社）、『齋藤孝の速読塾　これで頭がグングンよくなる！』（齋藤孝／筑摩書房）、『「頭がいい人」の快眠生活術』（保坂隆編著／中央公論新社）、『できる人のスピード仕事術』（日経ビジネスアソシエ特別編集／日経BP社）、『「超」効率HACKS！　24倍速のスーパー仕事術』（原尻淳一、小山龍介／PHP研究所）、『合格を勝ち取る睡眠法』（遠藤拓郎／PHP研究所）、『結果を出して定時に帰る時短仕事術』（永田豊志／ソフトバンククリエイティブ）、『資格三冠王がこっそり教える「超速」勉強法』（黒川康正／PHP研究所）、『能率10倍のシンプル仕事術』（浜口直太／PHP研究所）、『ミスゼロ、ムダゼロ、残業ゼロ！』（オダギリ展子／幻冬舎）、『仕事のダンドリの基本とコツ』（吉山勇樹／学研パブリッシング）、『仕事の効率が1000倍あがる「1分間」整理法』（西村克己／経済界）、『1秒整理術！』（壷阪龍哉／三笠書房）、『残業しない技術』（梅森浩一／扶桑社）、『頭のいい人がしている残業しない技術』（中山裕／ぱる出版）、『仕事を「すぐやる人」の習慣ストレスなし！　残業なし！　の仕事術』（『THE21』編集部編／PHP研究所）、『最強のデスクワーク術』（オダギリ展子／PHP研究所）、『仕事が10倍速くなる事務効率アップ術』（オダギリ展子／フォレスト出版）、『成果が上がる！　ビジネス思考力トレーニング』（大勝文仁監修／TAC出版）、『思考の整理術』（前野隆司／朝日新聞出版）、『「勝ち抜く大人」の勉強法』（中山治／洋泉社）、『考える力を養う情報収集法』（草野厚／太陽企画出版）、『考具』（加藤昌治／阪急コミュニケーションズ）、『図解でよくわかる　だれでも10倍記憶力が身につく法』（神戸千春／明日香出版社）、『5つの記憶力を鍛えて仕事力を10倍にする』（土田隆／秀和システム）、『直感力』（児玉光雄／フォレスト出版）、『1分間意思決定』（スペンサー・ジョンソン著、門田美鈴訳／ダイヤモンド社）、『自分の考えを「5分でまとめ」「3分で伝える」技術』（和田秀樹／新講社）、『実戦！　仕事力を高める図解の技術』（久恒啓一／ダイヤモンド社）、『絶妙な「集中力」をつける技術』（佐々木豊文／明日香出版社）、『小山龍介責任編集　勉強術』（小山龍介編／インフォレスト）、『Ｔｈｉｎｋ！　別冊Ｎｏ・１　一流の思考力』（別冊Ｔｈｉｎｋ！　編集部編／東洋経済新報社）、『【図解】羽生善治の頭脳強化ドリル』（羽生善治／ＰＨＰ研究所）、『分類する技術が仕事を変える！』（久我勝利／日本実業出版社）、『デキルと言われる5つの仕事力』（東田 一／ビジネス教育出版社）、『勝間和代のビジネス頭を創る7つのフレームワーク力』（勝間和代／ディスカヴァー・トゥエンティワン）、『「判断力」の磨き方』（和田秀樹／ＰＨＰ研究所）、『頭のいい段取りの技術』（藤沢晃治／日本実業出版社）、『問題発見・解決の具体的手順がすんなり頭に入る本』（井口哲夫／すばる舎）、『判断力』（奥村宏／岩波書店）、『人は勘定より感情で決める』（柏木吉基／技術評論社）、『世界は感情で動く』（マッテオ・モッテルリーニ著、泉典子訳／紀伊国屋書店）、『意思決定の技術』（DIAMOND ハーバード・ビジネス・レビュー編集部編訳／ダイヤモンド社）、『快腸リセットミュージック』（松生恒夫／シンコーミュージック・エンタテイメント）、『メディカル・アロマセラピー』（渡邊聡子、今西二郎監修／阪急コミュニケーションズ）、『脳がみるみる甦る53の実践』（米山公啓／小学館）、『経済は感情で動く』（マッテオ・モッテルリーニ著、泉典子訳／紀伊国屋書店）、『プレジデント 2006.6.12、2007.10.29、2009.7.23、2010.4.12』（プレジデント社）、『THE21　2006-02、2008-01、2009-07・12、2010-05』（ＰＨＰ研究所）、『ＳＰＡ！ 2010.6.15』（扶桑社）、『日経ビジネス Associé　2006.01.17、2008.08.05』（日経ＢＰ社）、『週刊東洋経済　２００９・１・17特大号』（東洋経済新報社）、『週刊ダイヤモンド　２００８・11・29特大号』（ダイヤモンド社）、日本経済新聞、夕刊フジ、ほか

〈ホームページ〉

誠Biz．ID、ITmedia、BPnet BizCOLLEGE、Niki's Kitchen、英語料理教室、日経トップリーダーオンライン、オリコンスタイル、ほぼ日刊イトイ新聞、ヤフーカテゴリーサイト DEZIST 勉強の復習効果、2005年国民生活時間調査報告書 NHK放送文化研究所、インターネットウォッチ、色カラー、日本色彩学会WEB、エキサイトニュース、文化庁、資格取得ガイド、オールアバウト、Hondaホームページ、ほか

本書は『大人の時短力115のコツ』（2011年／小社刊）、『大人の勉強力 このやり方だけマネすればいい！』（2010年／同）、『できる大人のモノの使い方』（2008年／同）を改題・再編集したものです。

青春文庫

一生得《いっしょうとく》する！役《やく》に立《た》つ！
できる大人《おとな》の時間《じかん》の習慣《しゅうかん》

2016年 9 月20日　第1刷

編　者　ライフ・リサーチ・プロジェクト

発行者　小澤源太郎

責任編集　株式会社プライム涌光

発行所　株式会社青春出版社

〒162-0056　東京都新宿区若松町 12-1
電話 03-3203-2850（編集部）
03-3207-1916（営業部）
振替番号　00190-7-98602

印刷／中央精版印刷
製本／フォーネット社

ISBN 978-4-413-09653-9